"十四五"时期国家重点出版物
出版专项规划项目

"看川"乡村振兴

四川省推进乡村全面振兴的调研与思考

◎ 张灿强　钟雯彬　张艳玲　编著

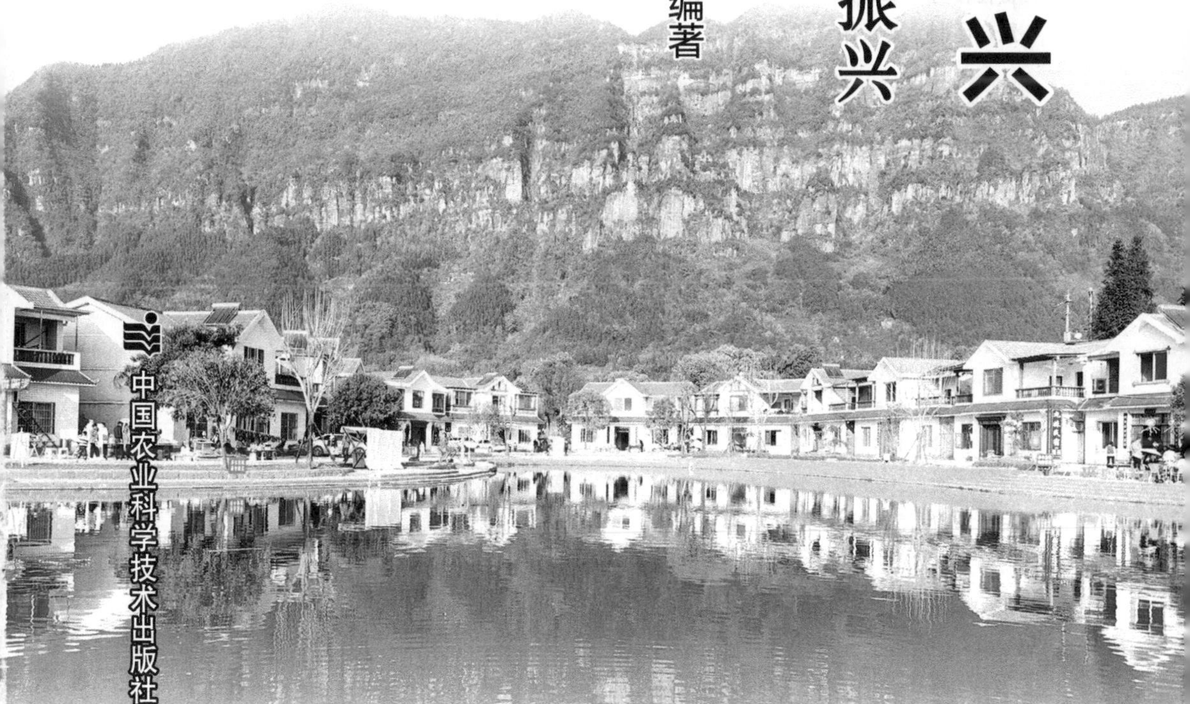

中国农业科学技术出版社

图书在版编目（CIP）数据

"看川"乡村振兴：四川省推进乡村全面振兴的调研与思考 / 张灿强，钟雯彬，张艳玲编著 . --北京：中国农业科学技术出版社，2025.3. --ISBN 978-7-5116-7325-1

Ⅰ. F327.71

中国国家版本馆 CIP 数据核字第 2025TL5298 号

责任编辑	马维玲
责任校对	李向荣
责任印制	姜义伟　王思文

出 版 者	中国农业科学技术出版社
	北京市中关村南大街 12 号　邮编：100081
电　　话	（010）82109194（编辑室）　（010）82106624（发行部）
	（010）82106624（读者服务部）
网　　址	https://castp.caas.cn
经 销 者	各地新华书店
印 刷 者	北京建宏印刷有限公司
开　　本	170 mm×240 mm　1/16
印　　张	9.5
字　　数	175 千字
版　　次	2025 年 3 月第 1 版　2025 年 3 月第 1 次印刷
定　　价	50.00 元

━━━━◆ 版权所有·翻印必究 ◆━━━━

序言

一次四川行，一生四川情。

本书的写作和出版缘于一段四川挂职锻炼经历。2018年1月4日，中共中央组织部、共青团中央第18批赴川博士服务团32人来到成都，我和钟雯彬博士就在其中。中共四川省委组织部召开座谈会，欢迎新一批博士到来，同时欢送挂职到期的博士团成员。座谈会后，博士团成员分赴相关部门和地方，正式开启一段全新的经历。

能有这样的经历，实属难得，既是对个人思路视野的拓展，更是一次成长的全面历练。写作此书就是想把工作过程中的体会记录下来，也是对一段经历的纪念。书中所选案例，有的是我们在实际工作中参与完成的，有的是深入实地开展调研的成果。记录和梳理的过程，也是对一些问题进行深入思考和理解的过程。

按照组织安排，我挂任成都高新技术产业开发区（简称高新区，全书同）统筹城乡工作局党组成员、局长助理。虽然自己生在农村、长在农村，对农村并不陌生，工作后也一直从事"三农"政策研究，经常在农村调研，但大多是以研究者的视角"旁观"，看典型、看经验、看问题，总结地方实践，提出对策建议。挂职后，更多的是作为"局内人"参与。"看"和"做"还是有很大不同的，看起来简单的，做起来并不容易。研究层面可以抽象和概括，可以简化实际工作中的操作环节和执行过程；但操作层面，却需事无巨细，我想这可能也是挂职锻炼最具价值的部分。

钟雯彬博士现任中共中央党校（国家行政学院）应急管理研究院（中欧应急管理学院）专职副书记，是第18批赴川博士服务团的团长，挂任宜宾市人民政府副市长、党组成员。她的主要研究方向为应急管理、政府法治、公共政策等。在宜宾工作期间，她亲历了长宁"6·17"6.0级地震，也是抗震救灾与灾后恢复重建的领导者和参与者。挂职期间，博士服务团在宜宾组织了一次学习调研活动，蜀南竹海是其中一个调研点位。调研结束后，我和钟雯彬博士向宜宾市委、市政府提交了一份题为"四川宜宾蜀南竹文化系统申报中国重要农业文化遗产的可行性与相关建议"的报告，获得宜宾市委、市政府主要领导的肯定性批示，所提建议"支持蜀南竹文化系统申报中国重要农业文化遗产"被写入中共四川省委、省政府2019年印发的《关于推进竹产业高质量发展　建设美丽乡村竹林风景线的意见》。后来，在各方面共同努力下，四川宜宾竹文化系统成功入选第五批中国重要农业文化遗产，进一步擦亮了四川竹品牌。

张艳玲女士现任农民日报社四川记者站站长。她长期扎根川蜀大地，对四川农业农村的情况很熟悉，对四川推动乡村振兴的一些典型案例和经验做了长期跟踪和报道。其间，我们一起开展过几次调研和讨论，其中"关于丹棱县万年村在乡村治理中运用积分制"的调研报告获得农业农村部有关领导的肯定性批示。

四川省是农业大省，也是在"三农"工作中出经验的地方，本书中的案例仅仅是诸多典型的很小一部分，当然也很难穷尽，引用的案例大多数是工作亲历或调研情况，也参考了一些相关材料。书中难免有些疏漏或欠妥之处，还望读者和同人不吝珠玉，批评指正。

2024年12月

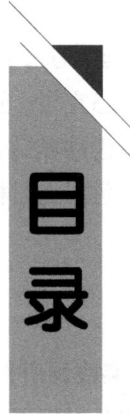

目录

第一部分 总 论

建立考评激励体系 推进乡村振兴落地落实 ………………………… 3

第二部分 产业兴旺

【实践调研】 ……………………………………………………………… 9
崇州市推进天府优质粮油融合发展功能区建设 ………………………… 9
丘陵山区发展农业社会化服务的路径与探索 …………………………… 13
三渔村产业扶贫的经验与思考 …………………………………………… 18
宝山村发展集体经济推动山村蝶变 ……………………………………… 23
【延伸思考】 ……………………………………………………………… 26
构建现代农业生态圈 促进产业高质量发展 …………………………… 26
农旅融合的典型模式、发展困境与对策建议 …………………………… 29

第三部分 生态宜居

【实践调研】 ……………………………………………………………… 35
新都区胜可家庭农场畜禽粪污资源化利用 ……………………………… 35
武胜县飞龙镇卢山村农村垃圾分类处理 ………………………………… 41
成都高新区农村厕所革命和污水治理 …………………………………… 43

崇州市川西林盘获新生 …… 46

【延伸思考】…… 51
生态宜居，让乡村生活更令人向往 …… 51
重建种养结合的农业生产体系 …… 54
聚焦四大目标推进生态振兴 …… 57

第四部分　乡风文明

【实践调研】…… 63
明月村发展文创产业助力乡村振兴 …… 63
宜宾竹文化保护与传承 …… 66

【延伸思考】…… 72
传承和弘扬优秀农耕文化 …… 72

第五部分　治理有效

【实践调研】…… 81
丹棱县万年村"道德超市"积分制助推乡村治理 …… 81
德阳市罗江区探索定向议事代表会议制度 …… 87
放权赋能，破解乡镇"小马拉大车"困境 …… 91
农村风险防范化解治理
　　——以宜宾市"6·17"地震灾后重建镇村样板模式为例 …… 100

【延伸思考】…… 109
多措并举提升乡村治理能力 …… 109

第六部分　农村改革

【实践调研】…… 115
成都高新区"七权同确"一张图 …… 115
战旗村敲响四川省农村集体经营性建设用地入市"第一槌" …… 118
成都市创建"农贷通"平台，破解乡村振兴融资难题 …… 120
一家、两代、三十年——江油市明利家庭农场发展纪实 …… 123

农科村三次思想"破冰"终于叩开休闲农业大门 ………………… 129
【延伸思考】 ……………………………………………………………… 133
当前农村改革存在的突出问题 ………………………………… 133
主要参考文献 ……………………………………………………………… 137
后　记 …………………………………………………………………… 139

第一部分 总　论

2017年,党的十九大提出实施乡村振兴战略。2018年,中央一号文件《中共中央 国务院关于实施乡村振兴的意见》印发,文件对乡村振兴工作进行了全面部署。同年,中共中央、国务院印发了《乡村振兴战略规划(2018—2022年)》,要求各地区各部门结合实际认真贯彻落实。2019年,《中国共产党农村工作条例》颁布,对加强党对农村工作的全面领导,巩固党在农村的执政基础,确保新时代农村工作始终保持正确政治方向具有十分重要的意义。2021年,《中华人民共和国乡村振兴促进法》公布实施,为全面实施乡村振兴战略提供了有力的法治保障,确保各项政策措施得到有效执行。从制度体系上看,乡村振兴的"四梁八柱"基本构建。

四川省素有"天府之国"的美誉。全省面积48.6万平方千米,居全国第5位,辖21个地级行政区、183个县(市、区),有全国最大的彝族聚居区、第二大藏族聚居区和唯一的羌族聚居区。2023年,四川省地区生产总值突破6万亿元,同比增长6%,年末全省常住人口8 368.0万人,其中乡村人口3 389.9万人,占总人口的40.5%,现有耕地7 878.9万亩(1亩≈667平方米,全书同)。2023年,四川省农村居民人均可支配收入为19 978元,城乡居民收入比降至2.26。四川省深入贯彻落实党中央、国务院决策部署,扎实推动实施乡村振兴战略,加强规划引领,健全制度体系,构建考评激励机制,着力推动乡村振兴各项工作和举措落地实施。

建立考评激励体系 推进乡村振兴落地落实

四川省深入贯彻实施乡村振兴战略重大决策部署，构建考评激励体系，大力组织开展实施乡村振兴战略先进县乡村、星级现代农业园区、农民增收工作先进县、农村改革工作先进县等考评激励，认真落实奖励补助政策，将乡村振兴纳入省委、省政府综合目标绩效考核，考核结果作为干部任免、政策资金支持的重要参考，有效激发了各级部门共同推进乡村振兴的动力。

（一）开展实施乡村振兴战略先进县乡村考评激励

制定颁布《四川省实施乡村振兴战略考评激励办法（试行）》，按照成都平原经济区、川南经济区、川东北经济区、攀西经济区、川西北生态示范区（凉山彝族自治州11个原深度贫困县被纳入川西北生态示范区）分类开展考评激励工作，每年评选先进县10个、先进乡镇50个、示范村500个，在资金、土地、干部等方面给予激励。一是科学设置考评标准。按照"产业兴旺、生态宜居、乡风文明、治理有效、生活富裕"的总要求，先进县（市、区）设置"农业高质量发展、宜居乡村建设、乡风文明善治、生活水平提高、落实农业农村优先发展原则"五大类标准，先进乡镇按照"乡村产业、宜居乡镇、乡风文明、基层治理、生活水平"进行考评，示范村按照"特色产业、村落宜居、村风文明、村级治理、村民生活"进行考评。二是建立完善考评体系。考评程序主要包括自查评估、统计监测、交叉检查、社会评议、综合评分5个步骤。在考评程序上，由各市（州）提出先进县（市、区）、先进乡镇、示范村申请；省委农村工作领导小组委托相关机构，开展第三方评估，形成评估报告；省委农村工作领导小组办公室组织对申请参与考评的县（市、区）、乡镇、村进行抽查，形成抽查报告；省委农村工作领导小组办公室对考评数据进行汇总整理，根据第三方评估结果、省级抽查结果、市（州）自查情况，进行综合打分，按综合得分提出先进县（市、区）、先进乡镇、示范村建议名单，报省委农村工作领导小组审议；省委农村工作领导小组审议后的名单，向社会公示；公示无异议后，由省委、省政府研究决定，进行命名和授牌。三是强化正向考评激励。对每个先进县给予资金奖励6 000万元、建设用地指标300亩，对每个先进乡镇、示范村分别给予奖励500万元、60万元，并优先申报土地增减挂钩、土地整理和高标准农田建设项目。把干部在实施乡村振兴战略中的表现情况，作为干部年度考核、评先评优、选拔任用的重要参考。

（二）开展星级现代农业园区考评激励

四川省委、省政府印发《四川省现代农业园区建设考评激励方案》，将现代农业园区作为推进现代农业高质量发展的重要抓手，明确从2019年起开展省级现代农业园区星级评定，市县开展本级园区认定评级。通过5年持续推进，构建现代农业园区建设体系，推动建成一批产业特色鲜明、加工水平高、产业链条完善、设施装备先进、生产方式绿色、品牌影响力大、农村一二三产业融合、要素高度聚集、辐射带动有力的现代农业园区，成为实现乡村振兴产业兴旺的坚实基础和核心载体。一是明确建设标准。制定《现代农业园区认定评分标准》，对园区基地建设、设施装备、产品加工、农业新业态、品牌培育、科技支撑、组织方式等7个方面建设内容给出具体标准，对省级园区打分并评定为三星级、四星级、五星级3个档次。二是实施动态管理。评定实施期限为5年，第1年评定35个，其中三星级15个、四星级10个、五星级10个，以后每年根据考核分值确定保级、晋级、降级，降到三星级以下的取消命名并摘牌。三是创新激励模式。每年安排财政资金5亿元，对三星级、四星级、五星级园区分别给予1 000万元、1 500万元、2 000万元的奖补。奖补方式由过去"先支持、后认定"改为"先定标准、创建成功后再补助"。三星级晋升四星级补差500万元，四星级晋升五星级补差500万元，三星级晋升五星级补差1 000万元。

（三）开展农民增收工作先进县考评激励

在首创农民增收书记县长负责制的基础上，不断创新举措，将考核做严做细，有力推动农民收入增长，"十三五"时期四川省农民收入年均增幅达到9.4%。一是科学划分考核对象。以176个涉农县（市、区）近3年农村居民人均可支配收入平均值划线，划分高收入组、中高收入组、中低收入组、低收入组4个类别，每3年调整1次。二是调整优化考核办法。每季度召开例会分析研判农民增收工作形势、分类区通报农民增收排名，每年组织开展农民增收工作评价、确定年度考核结果。考核内容包括农村居民人均可支配收入增幅、农村居民人均可支配收入增量、农民增收工作评价等次3个部分。三是从严运用考核结果。压紧压实农民增收工作县委书记、县长责任，通报排名同类别最后一位县（市、区），约谈排名同类别最后一位且增幅低于同类别平均增幅的县（市、区）党委、政府主要负责人。考核结果作为县（市、区）党委、政府主要负责人和分管负责人评选优秀、提拔任用的重要参考，作为省直相关部门安排下年度涉农项目资金的重要参考。

（四）开展农村改革工作先进县考评激励

通过分层开展改革任务督查考核，逐步建立健全农业农村改革成效评价体系，实现农村改革督查考核全面覆盖和落实，进一步增强了共同推进农村改革的工作合力。一是在省级层面。按照省农业和农村体制改革专项小组年度工作要点和台账要求，评价省直有关部门推动农业农村改革的工作成效，纳入省委绩效办对省直有关部门的考核。二是在市级层面。在省委对市（州）党委和政府的绩效考核体系中，单列农村改革考核指标，出台考核办法和实施细则，严格进行考核。三是在县级层面。根据中央和省委部署安排，每年确定一批重大农村改革任务，要求纳入市（州）对县（市、区）的考核体系，结合重点任务进行专项考核。从2017年开始，每年综合评定一批重大农村改革任务年度推进示范县（市、区），在省委农村工作会上表扬。

第二部分
产业兴旺

发展乡村产业是实现乡村振兴的根本所在，要解决好几亿农民的富裕问题、实现乡村全面振兴，必须把乡村产业发展起来。只有推进乡村产业振兴，才能让农业经营有效益、让农业成为有奔头的产业，才能让农民增收致富、让务农成为有吸引力的职业，才能让农村留住人、让农村成为安居乐业的美丽家园。随着时代的发展，乡村的价值需要重新审视，乡村不再是单一从事农业的地方，还有重要的生态涵养功能，令人向往的休闲观光功能，独具魅力的文化体验功能，要依托农业农村特色资源，做好"土特产"文章，开发农业多种功能，挖掘乡村多元价值，推进农村一二三产业融合发展，构建现代乡村产业体系。

近年来，四川省因地制宜发展川粮（油）、川猪（家禽）、川茶、川椒、川药、川竹、川果、川菜、川桑、川鱼等川字号优势特色农业产业，构建现代农业产业体系，打造一批现代农业产业园、科技园、创业园。2023年全省农林牧渔业总产值接近1万亿元，达到9 977.8亿元；全年粮食总产量718.8亿斤（1斤＝0.5千克，全书同），创历史新高，稳居全国第9位；生猪出栏6 662.7万头，保持全国第一；中草药材、水果、茶叶、蔬菜等特色产业加快发展。本部分包括4个典型案例，聚焦粮食生产、农业社会化服务、产业扶贫、集体经济发展，从不同角度展现了四川省农业发展的多元路径与成效。

【实践调研】

崇州市推进天府优质粮油融合发展功能区建设

2017年7月,成都市召开国家中心城市产业发展大会,会议作出"统筹布局建设66个主导产业明确、专业分工合理、差异发展鲜明的产业功能区"的决策部署。经科学研判、综合衡量资源禀赋和农业基础等条件后,成都市规划建设了7个主业突出、特色鲜明、集约高效的现代农业功能区、分别是温江区成都都市现代农业高新技术产业园、邛崃市天府现代种业园、崇州市天府优质粮油融合发展功能区、金堂县中国菌乡融合发展功能区、新津县中国天府农业博览园、蒲江县成都特色水果产业功能区及都江堰市精华灌区康养旅游功能区,总规划面积1 286.08平方千米。崇州市天府优质粮油融合发展功能区规划面积269.8平方千米,覆盖11个乡镇、92个村(社区)。按照培育产业生态圈、建设美丽宜居乡村公园的思路,崇州市推进功能区体制机制重构、产业体系重组、大地景观重塑,推动产业园向产业功能区转型升级。

一、重构体制机制,释放发展活力

(一) 推进功能区管理体制改革

一是重构组织架构。组建功能区管委会、投资公司,探索由"管委会+街道+社区"逐步过渡到"管委会+社区",构建扁平高效的城乡管理组织架构;探索"管委会+投资公司+共营制"运营模式,提升功能区产业规模化经营能力、资源要素整合能力和社会治理效率。二是建立管委会、市级部门和乡镇权力清单、责任清单。功能区管委会主要负责功能区的统筹协调和项目实施,具体承担统筹功能区规划建设、环境营造、产业布局、招商引资和投资促进等职能,推进行政跨区、产业跨界融合发展;行业主管部门主要负责功能区相关行业业务指导、行业监管和技术支持;乡镇主要承担统筹社区发展、组织公共服务、实施综合管理、优化营商环境、维护社

---

① 2018年9月,笔者参加成都市组织的乡村振兴现场观摩活动,调研崇州市天府优质粮油融合发展功能区。

区平安等职能,为功能区建设提供保障服务,不再承担经济和建设职能。三是健全产业引导政策。编制《功能区总体规划》,制定《产业招商指导目录》《产业引导政务政策》,确立功能区招商引资重点领域、准入条件、扶持政策,先后引进投资100亿元的天府国际慢城、投资50亿元的华川天府良仓等重大项目。

(二)深化农村产权制度改革

一是深化农业共营制。探索构建"土地股份合作社+农业职业经理人+农业综合服务""土地股份合作社+产业化企业"农村土地经营新模式,破解新时期"谁来种地""谁来经营""谁来服务"三大难题,园区土地适度规模经营率达85%,提升农村组织化水平。二是盘活农村闲置土地和房屋。推进"共享林盘""集体建设用地入股联营"等改革试点,探索"原住民+专业公司+集体经济组织+人才联盟+商家联盟"五位共治发展模式,保障农村新产业新业态发展用地。三是发展集体经济。开展集体资产清产核资、股份量化,探索财政投入形成资产股份量化"青桥模式"、集体资产入股联营"五星模式"、农村土地股份合作社"杨柳模式",多渠道发展集体经济。

(三)推进"居站分离"改革

选择聚居型、散居型、混合型等不同形态的农村社区试点,成立社区工作站,作为乡镇党委、政府设在村(社区)的工作机构,主要承担下沉到村(社区)的行政管理工作和便民服务事项。剥离社区居委会承担的行政事务,推动社区居委会去行政化,回归其自治职能。推动优质公共服务向基层延伸、向社区布点,建设15分钟基本公共服务圈,为市场主体(社会组织)、产业工人、游客、社区居民提供高效便捷的服务。村(居)委会负责村(居)民自治和集体经济组织发展,实现行政与自治分离。

二、重组产业体系,做强产业支撑

(一)突出科技引领,做强主导产业

一是深化校院企地创新共同体、发展共同体和利益共同体建设,建成四川农业大学"两化"科技服务总部等4个科研成果转化平台。二是引进3名院士建成长江中上游优质水稻新品种中试熟化基地,实施国家自然科学基金项目、国家重点研发计划项目等重大科研项目15个,试验示范水稻新品种376个。三是引导四川农业大学与成都华川公路建设集团有限公司、四川省农业科学院与四川崇州粮油储备公司等开展校(院)企合作,打通农业科技成果运用"最后一公里"。四是实施中国好粮油四川行动示范工程,与国家杂交水稻工程技术研究中心、崇州市蜀州水稻研究所等合作,建成水稻种业基地1万亩（15亩=1公顷，全书同）、稻田综合种养基地5万亩、功能大米基地2 000亩。

（二）实施"农业+"行动，推动产业融合

一是实施"农业+互联网"，引进北京奥科美公司，搭建农业大数据平台，建设"空天地"一体化监测网络；引进京东云创空间，建设基于农业大数据的天府好米综合运营平台，加快培育农业数字经济应用场景。二是实施"农业+文创"，依托大田景观、林盘聚落，建立"天府文化+设计师联盟+集体经济组织"联动机制，引进清华大学、同济大学、中央美术学院、香港观酌等国内外规划设计专家团队和爱马仕设计师、巴金文学院签约作家等100余名创意人才，建成道明竹艺村、凡朴生活圈等文创型林盘，加快发展文化创意等新业态。三是实施"农业+旅游"，依托国家全域旅游示范区创建，加快天府国际慢城等农旅融合项目建设，建成闲来客栈、风谷、来去酒馆等精品民宿、特色乡村酒店，加快发展康养旅游、民宿经济、农耕体验等乡村旅游新业态。

（三）着力强链补链，培育产业生态圈

一是强加工。实施桤泉农产品加工园区"五换四培育"，引进艾诺米米酒、弯月亮菜籽油等农产品精深加工项目，提高农产品精深加工水平。二是强品牌。创建"隆兴大米"地标品牌，培育"稻虾藕遇""土而奇""健生堂"等农产品品牌15个，提升农产品品牌附加值。三是补物流。实施投资170亿元的润恒农产品冷链物流产业园项目，建设西南农产品集散中心、交易结算中心。四是补服务。引进全球500强中国中化集团有限公司MAP农业技术服务中心，建设区域性农村社会化综合服务总部，开展农业溯源、检测、认证、配送、培训等服务，提升农业社会化、专业化服务水平。

三、重塑大地景观，建设美丽新村

（一）集中连片再造大田景观

一是集中连片整田。实施农村土地整理项目36个，推进田水路林湖综合整治，功能区建成高标准农田15万亩。二是集中连片亮田。在功能区主干道、绿道环线两侧300米内，推进退林还田、拆院亮田、疏林借景，打造集中连片的大田景观。三是集中连片种田。坚持"一线一品"，推动优质粮油主导产业集中连片发展，形成10万亩油菜花海、10万亩稻田公园农业风光。

（二）串点连线打造川西林盘

一是保护老林盘。坚持"蜀风雅韵、百村百态"建设理念，建立"天府文化+设计师联盟+集体经济"联动机制，引进清华大学、同济大学等院校规划设计师，运用现代审美、艺术设计，植入新中式建筑艺术，推进"白头—道明""锦江—观胜"2条川西林盘保护聚落带建设，完成竹艺村等12个川西林盘保护修复。二是建好新林盘。坚持"小规模、组团式、微田园、生态化"建设理念，结合农村土地综合整治、征地拆迁等项目，建成"配套完善、美丽宜居"的川西新林盘56个，改善农村居住条件，惠及群众7 978户2.8万人。

（三）连片成网建设乡村绿道

一是抓好绿道建设。按照"可进入、可参与、景区化、景观化"理念，建成绿道164千米。以绿道为经线，串联城乡、产业、林盘、景区，构建"多园支撑、绿道串联、田园覆盖"的绿色空间系统。二是完善功能配套。遵循"政府主导、企业主体、商业化逻辑"，采取"公共标准+空间经营+区域共享"方式，引进全友家私、明珠家具等品牌企业，建成全友·绿廊、明珠·明舍等主题驿站，促进绿道公益性与经济性叠加提升。

丘陵山区发展农业社会化服务的路径与探索①

发展农业社会化服务对巩固完善农村基本经营制度、保障粮食安全和重要农产品有效供给、促进农业稳定发展具有重要作用。2023年6月，笔者与调研组实地调研了绵阳市涪城区、江油市、游仙区和遂宁市安居区，走访了农民合作社、农业服务公司、家庭农场等10多家新型农业经营主体和服务组织，与基层农业农村部门、财政金融部门、乡镇相关部门、金融保险机构、服务主体、种粮大户召开座谈会4次。川中地区是典型的低山丘陵地带，农业发展状况在西南片区具有很好的代表性。总体来看，当地农业社会化服务主体迅速成长、服务市场持续扩大、服务模式创新突破、服务领域拓展延伸、制度体系不断健全，小农户对服务的接受度、认可度逐步提升。

一、服务主体带动能力持续提升，有力促进农业生产适度规模经营

四川省是我国西部唯一的粮食主产区，在国家粮食供给中有着举足轻重的地位。为建设高水平"天府粮仓"，四川省通过健全农业社会化服务体系，大力发展服务带动型规模经营，有效提高了农业生产效益和小农户种粮积极性，取得了良好成效。全省服务主体数量3.3万个，从业人数超过25万人，服务面积超过3 840万亩次，服务小农户数量超过417万个。在服务带动能力上，主要有3点表现：一是服务主体与村集体合作，带动村集体增收和撂荒地整治复垦。土地碎片化、小农户分散化导致的机械化程度低、土地撂荒，是长期困扰当地农业生产的难题。为此，当地充分发挥村集体"统"的功能，通过"居间"服务集中土地，交由服务主体开展成方连片托管服务，推进宜机化改造，有效解决了土地撂荒现象，构建起紧密的联结机制。例如，遂宁市安居区由村集体以入股形式集中农户分散土地5.5万亩，托管给服务组织，除给农户的保底收益外，村级托管协办人、村集体、农户按1∶5∶4的比例分红，实现村均集体经济增收4.3万元，农户亩均分

---

① 调研组成员有张灿强、王海鹏（农业农村部农村合作经济指导司四级调研员）、邵宇航（全国农业展览馆干部）、崔乾慧（中国农业大学人文与发展学院博士研究生）。

红300多元。其中，安叁农机专业合作社联合社与村集体合作，开展撂荒地整治及宜机化改造3 000亩，实现农机服务作业15万余亩。二是服务主体与科研单位、农机企业合作，带动新技术新装备推广应用。服务主体积极与科研院校开展校地合作，与农机企业开展设备研发，推动农业科研成果和实用技术落地，提高了农业生产科技化水平。例如，2022年，遂宁市奉光荣种植家庭农场与四川农业大学等科研院校合作，筛选适用丘陵地区的大豆、玉米优质品种，建立大豆—玉米带状复合种植试验基地，套作春玉米实测亩产超过617千克、套作夏大豆实测亩产超过180千克。针对甘薯栽培机械化难题，安叁农机专业合作社与农机企业合作，研发适用丘陵地区的轻简化栽培农机，并根据生产实际反馈厂商改进定型，加快了新机型量产推广，生产效率是传统人工栽培的50倍。三是服务主体间联合合作，带动全产业链贯通和农户增收。江油市鑫卓源农机专业合作社联合社由多家农机合作社、种植养殖合作社、种业公司等主体联合创办，集中多元主体各自领域的服务优势，配备大中型农业机械120余台（套）、冷调库2座、烘干机6台，打造集农资供应、农机作业、烘干仓储、冷链物流和农产品加工等于一体的农业全产业链服务综合体，降低了服务成本、提高了经营效益。

二、"线上平台+线下中心"双向发力，有力促进服务资源共享

过去一段时间，服务市场信息不通畅、技术支撑不到位、设施装备不共享、农产品销售渠道不宽、项目实施监测不及时等问题，成为困扰农业社会化服务发展的瓶颈。为此，四川省探索构建"线上平台+线下中心"服务模式，为破解这一系列难题提供了良方。一方面，构建线下区域性综合服务平台。2023年，四川省印发了《全省县乡村三级农业社会化服务体系建设方案》，提出按照政府搭台、主体参与、市场运作、开放共享的原则，加快构建"县农业社会化服务中心+乡农业社会化服务站（点）+村农业社会化服务协办员"的县乡村三级服务体系。例如，绵阳市涪城区搭建乡村振兴社会化服务中心，涵盖信息发布、农资供应、技术服务、农机作业、农产品加工、市场营销六大功能。2023年以来，发布供需对接、闲置资产、主体资料等信息200余条；整合联合收割机、拖拉机、耕整机等大中型农业机械210余台（套），年服务面积达15万亩；培育农产品烘干冷链经营主体44家，冷库容量达7.64万吨，日烘干量45.2吨；组建"涪城区科技特派员服务团"，开展线上线下活动46次，服务企业18个，开展现场培训8次、培训人员400余人次。再如，遂宁市安居区采用国有平台公司出资控股，服务主体带资金、机具、技术等方式入股，分片区建设"1+6+N"区

域性综合服务中心，即搭建1个区级中心，配套6个片区分中心，扶持N个社会化服务点，提供农资配送、育苗育秧、统防统治、机播机收、代烘代贮、加工流通等全程服务，实施统一作业规范、统一技术规程、统一作业标准、统一收费标准的"四统一"服务，带动200多个村年服务面积54万亩。另一方面，打造线上数字化平台。绵阳市搭建农业社会化服务信息平台，在项目申报、作业监测、项目验收、资金拨付等环节进行数字化管理，强化项目监测，确保规范运行。截至2023年6月，平台已认证服务主体206家，带动安装智能终端农机具达5 248台（套），上传平台作业面积达403.27万亩次。游仙区通过中国农服平台、绵阳农服平台、线上"农当家""云农新生活"和线下农业社会化服务超市两张网，提供农机、农资、科技、信息等发布对接服务，提高了服务效能。

三、服务方式不断创新，形成一批可复制易推广的模式机制

针对农业生产中存在的撂荒地、卖粮难等问题，四川省不断创新农业社会化服务模式和组织形式，有力破解了发展瓶颈。一是引入国有平台公司及国有政策性金融机构，创新"农民+集体经济组织+平台公司+金融机构"服务模式，重点解决撂荒地问题。绵阳市游仙区试点引入区级国有平台公司作为投资主体，引导各村将集体资产按股量化到村集体经济组织成员，成立集体经济联合社，村集体经济组织引导有意愿的农户签订托管协议，实施"保底收益+溢价分成"分配模式，有效解决农村土地撂荒和非粮化问题，促进了农业提质增效、农民增收致富、村集体经济发展壮大。以试点的忠兴镇为例，全镇15个村托管面积5.3万亩，占总耕地的76.86%，已整治撂荒地2 251亩、闲置土地近2万亩，机械化率90%以上，提供就业岗位1 700余个，户均增加收入611元。二是探索试办粮食银行，创新"公司+合作社+种植农户+消费者"模式，重点解决卖粮难问题。绵阳市跃德种养殖专业合作社与中央直属粮库公司、仙特米业等下游公司签订订单协议，探索试办粮食银行，种植农户的粮食在合作社烘干后可即时销售结算，也可存粮食银行，1年期间存取自由、粮权不变，农户根据市场价格变化随时结算。合作社提供粮食保值，如遇价格下跌可按存粮时价格进行结算。合作社与粮油连锁店合作，存粮农户凭粮食存折直接消费，农村留守老人所需的粮油副食还可直接送货上门。

四、服务领域拓展延伸，有力增强了农业全产业全链条支撑能力

四川省在巩固扩大粮食生产农业社会化服务的基础上，积极推动领域拓展，取得了良好成效。一是服务领域向经济作物、桑蚕、畜禽养殖等拓展。绵阳市涪城区聚焦蚕苗繁育、桑树植保、桑蚕喂养、蚕茧缫丝等环节开展社会化服务，依托农业生产信息服务平台定期收集、分析、发布蚕桑产业政策、行情、走势等信息，与西南大学、西南科技大学、四川省农业科学院等科研院所签订合作协议，共建蚕桑院士（专家）工作站，培育"涪城蚕茧"区域品牌。涪城区农业农村局负责人介绍，全区桑树种植面积3.5万亩，通过社会化服务桑叶品质大大提高，蚕苗繁育存活率有效提升，单茧产丝长度也随之增加。二是服务环节向产前、产后环节延伸服务。遂宁市巧农农机专业合作社与四川省农业科学院的专家团队合作，积极培育和引进水稻新品种、新技术，组织集中采购适用性的生产资料，实现亩均增产20%，肥料成本降低25%~30%，大大提高了种植户的积极性。江油市聚焦生猪、中药材、蔬菜、水果等特色农业，实施冷链物流项目建设和升级改造，建成农产品冷藏保鲜设施133座、机械冷藏库74座、烘干设施31座，大大提升了服务能力。

五、政策措施务实有效，推动农业社会化服务健康有序发展

四川省从财政补助、金融支持、科技支撑、服务规范、用地、设施装备、人才培训等方面，颁布了一系列政策措施，为农业社会化服务发展提供有力保障。一是在财政补助方面，江油市整合中央和省级项目资金，配套本级财政资金向社会化服务倾斜；通过耕地轮作休耕扩种油菜工作、"天府菜油"产业融合发展等项目对服务组织给予补助，加快高标准农田建设和宜机化改造，提高了服务主体积极性。二是在金融支持方面，通过建立以财政资金为引导、服务组织投资为主体、金融机构贷款和社会其他投资为补充的多渠道、多层次、多元化农业社会化服务投入机制，对社会化服务组织给予信贷、保险等金融支持，进一步增强为农服务的能力。近3年，遂宁市财政投入1.5亿余元，金融贷款投入22亿元，引导社会资本投入5亿余元，农机具保险投入1 000万元，提供近10亿元风险保障。三是在服务规范方面，研究制定《四川省农业生产托管服务规程指引》《关于印发四川省农业生产社会化服务相关示范文书的通知》等文件，规范服务流程和推广使用示范合同，建立标准指导框架，实现项目县（市、区）示范文本使用率达95%。四是在人才培训方面，遂宁市将服务主体人员纳入高素质农

民、基层农机人员和重大协同项目等培训范围,定期开展创业经营、产品营销、风险防控、操作技术、安全生产等方面职业培训,多层次、多渠道培养了一批既精通农机驾驶、维修技术,又懂农业田间管理、市场营销、农艺栽培等技术的复合型农机化新型职业农民,培养"农机工匠""机手修理工"等技能人才3万余人。

"看川"乡村振兴——四川省推进乡村全面振兴的调研与思考

三渔村产业扶贫的经验与思考①

产业扶贫是落实中央精准扶贫要求的重要举措,是巩固拓展脱贫攻坚成果的重要途径。三渔村位于成都东部新区草池街道(原成都高新区草池镇,2020年进行了区划调整)是一个摘掉贫困帽正在巩固拓展脱贫成果的村子,通过对这个村脱贫摘帽具体过程的了解,总结经验做法,分析问题困难,并由此引发关于农业产业扶贫的一些思考。

一、三渔村脱贫攻坚的主要做法

三渔村辖区面积约4平方千米,辖8个村民小组,全村513户,总人口1 851人,现有耕地面积1 952.8亩,林地1 397亩,宅基地122亩。毛家河穿村而过,紧邻新建的天府国际机场。2014年三渔村被确定为省级贫困村,有贫困户57户,贫困人口172人。2017年顺利实现贫困户和贫困人口全部退出。

(一)加强党建引领,创新帮扶形式

三渔村把党建与脱贫攻坚深度融合,以党建助推脱贫攻坚取得实效。一是建强基层堡垒,选优配强干部队伍。优化村党支部班子结构,选拔2名大学以上学历干部进入班子,班子平均年龄35岁,村党组织中1名被评为市级优秀共产党员,1名被推荐为四川省"十佳村官"候选人,班子凝聚力、战斗力增强。培育村后备干部5名、预备党员3名、入党积极分子2名,打造了一支带不走的扶贫干部队伍。二是创新活动形式,成立三渔村党员义工队。为引导村民"养成好习惯,形成好风气",三渔村党总支发起成立党员义工队,将义工队活动与"时间银行"相结合,对参加义工队的每位队员发放"爱心时间存折",每位队员可将参加活动付出的时间存入银行,待需要时向"三渔村爱心时间银行"提出支取申请,由义工队组织队员给予相同时间的服务。义工队已开展活动35次,帮助困难群众、脱贫群众120余人次。通过这种互帮互助的模式,吸引和发展更多村民加入义工队,推动形成邻里和谐、团结友爱、真诚奉献的良好社会风气。三是加强结对共建,提升党员队伍战斗力。三渔村党总支与桂溪街道双桂社区党支

---

① 笔者在挂职期间,多次到三渔村调研。

部结对共建，交流先进工作经验，先后开展了关爱困难党员、脱贫户等一系列活动，促进三渔村党员队伍战斗力提升。加强非公党建工作，新成立的2个扶贫产业合作社均成立了党小组，党员积极参与指导扶贫产业发展。

（二）强化多方参与，做实产业扶贫

三渔村积极探索"农户+集体经济+龙头企业+高等院校"四位一体产业扶贫模式，走出一条产业振兴的新路子。一是以农户为"心脏"，线上线下丰富"输血"增收渠道。在四川绿优源农业科技有限公司的技术支持下开通了三渔村网店，主打"三渔"冬草莓，兼顾销售土鸡、土鸭、鸡蛋、鸭蛋、红薯等生态绿色农产品。2018年年初，三渔村网店销售草莓100余斤，带动采摘和线下自提2 500余斤。二是以集体经济为"骨髓"，外引内培强化产业"造血"功能，大力发展草莓和脱毒马铃薯原原种两大特色产业。成功引进脱毒马铃薯原原种（"青薯9号"）项目，项目一期建设规模5亩，新品种亩均增产25%以上，每亩产值8万~10万元，纯收益达到25万元。基于三渔村20余年草莓种植历史，投入232万元建设100亩草莓种植基地，成功打造以三渔村为轴心、辐射周边村的"十里莓廊"。三是以龙头企业为"躯干"，招大引强带动主导产业发展。引进有"农业农村部薯类作物遗传育种重点实验室"的成都久森农业科技有限公司发展脱毒马铃薯原原种项目；引进四川瑞之源农业开发有限公司，采用"公司+脱贫户+村集体资金"方式发展草莓产业。四是以高等院校为"大脑"，借智借力增强集体经济发展后劲。三渔村与四川农业大学建立合作，提升草莓种植技术，所种草莓果型个大饱满、口感细腻香甜、香气浓郁醇厚，远销山东、黑龙江等地。成都大学文新学院组建"温馨助梦"团队深入三渔村开展调查研究、建言献策，为三渔村集体经济发展提供智力支持。

（三）健全利益联结，拓展增收渠道

三渔村产业扶贫效果明显，脱贫户年人均纯收入从不足3 000元提高到12 000余元，主要得益于利益联结机制的有效建立。一是土地流转有"租金"。引导脱贫农户将土地、劳动力等要素，通过股权量化方式与市场主体进行捆绑发展，有效整合了农村闲置、分散、低效的资源。三渔村已流转土地130亩，120万元集体资金变为股金，28户农民入股6.24万元变为股东，已实现集体经济收入38万元，1 830名村民实现人均分红207元，形成了"租金收入、效益分成、保底分红、固定收益"等利益联结机制。二是基地就业有"薪金"。结合企业需求，发挥企业在资金、技术、销售、就业等方面的优势，着力解决脱贫户自身解决不了的发展难题，提高其组织化程度和市场风险抗御能力。依托马铃薯原原种产业基地和草莓种植基地，60余名脱贫群众获得了年均1万元以上的工资性收入。三是产业辐射促"生金"。草莓种植基地为农户提供技术支持，带动周边30户农户种植草莓50余亩，户均经营性收入达3万元，形成了"基地带头，农户跟进"的共同致富机制。

（四）强化产业融合，巩固脱贫成效

三渔村以脱贫攻坚巩固为契机，以良好的扶贫产业为动力，推进一二三产业融合，走上实现振兴发展的快车道。一是建设鲜果种、采体验园。结合草莓、甘薯、马铃薯原原种等丰富的作物资源，适时推出种植、采摘、参观等多项活动，实现一三产业互动。二是打造"三渔狮王"旅游IP。充分发挥亚洲第一大石狮品牌效应，对三渔石狮进行技术养护和深度文化包装，辅以石狮壁画、石狮雕刻等艺术点缀，将石狮文化辐射全村，着力打造以狮为魂、以石为脉，凸显狮王文化的特色景观。三是加强规划整合资源。与文旅企业加强合作，对三渔村进行全方位规划，对三渔村公共基础设施进行升级改造，依托草莓种植园，将石狮文化包装打造成为三渔村农旅产业特色品牌。

二、存在的主要困难和问题

三渔村产业扶贫工作为巩固拓展脱贫攻坚成果奠定了基础，但在工作中还存在不少困难和问题，主要表现如下。

一是农产品品牌效益还不突出。草池镇有草莓种植传统，近几年草莓种植收益可观，老百姓对发展草莓产业比较认可。但品牌还没有打出去，大家谈到成都的草莓，第一时间想到的是双流草莓，这说明当地草莓的社会熟知度还不够。产品的品质还有待提升，老百姓大多还是靠经验种植，标准化、品质化还不够，调研发现很多老百姓还用着多年的老种苗，品质退化比较严重，使用新品种、脱毒苗的还不是很普遍，影响了产业的提质增效。

二是脱贫户主动脱贫意识还不够。通过政府扶持、企业带动、社会帮扶等形式，三渔村产业扶贫取得积极成效，但个别脱贫户还存在一定的依赖心理。例如，农业企业引入后，引导脱贫户在企业务工，既可以让其有务工收入，更重要的是让脱贫户掌握一定的技能。调研发现，贫困户对技术的学习缺乏主动性，掌握程度不高。另外，还有一些脱贫户自主意识不强，满足于通过土地流转获得收益，投入产业发展的积极性和主动性较低。

三是产业融合发展有待提升。三渔村有较好的历史文化资源，这是开展一二三产业融合发展的先天优势，然而这些资源还没有得到有效的开发利用，农产品初加工、乡村旅游等二三产业发展不足，产业链和价值链没有得到充分拓展。乡镇和村里也着手开始规划，但缺乏相关的技术支撑与运营经验。

三、思考与建议

三渔村积极谋划，挖掘内力，引入外力，探索不少产业扶贫的经验，对其他地区的产业扶贫工作具有一定的借鉴意义，同时也引发了对产业扶贫的一些思考。

一是组织创新，强化党建引领。从三渔村来看，一个战斗力强、团结务实、勇于开拓的村党组织发挥了旗帜作用，村党支部班子切实承担起精准扶贫的主体责任，通过抓实基层党建、强化党的领导，层层传导压力，确保精准扶贫各项工作落地落实。对于脱贫村，首先要配强村党组织班子成员，优先推荐农村中涌现出的致富能人，注重引进务工返乡等人员进入村"两委"班子，选优配强第一书记，提高村干部履职能力和综合素质，切实增强村级党组织的战斗堡垒作用。切实将党的领导嵌入产业扶贫中，组建产业党支部，助力产业发展。

二是因地制宜，做好产业选择。三渔村产业选择很明确，在做强做大优势产业的同时，抓住新机场建设契机，积极开发新产业，寻找新动能。因此，开展产业扶贫首先要选准产业，经过科学的市场分析和基层调研，既要避免选择那些市场已经饱和或过剩的产业，也要避免盲目发展市场不确定性高、风险较大的产业，还要结合老百姓的接受程度和当地产业的发展基础，让扶贫产业真正成为当地的特色产业和具有可持续发展的富民产业。

三是搭建平台，形成多方合力。要实现产业扶贫，首先得把产业做起来，然而脱贫村普遍存在缺资金、缺技术、缺人才等困难。三渔村通过创新机制，促成合作社、龙头企业和高等院校共同发力，从而突破发展瓶颈。可以按照"资源变资产、资金变股金、村民变股东"的思路，一方面通过规范土地流转、土地入股等形式将脱贫户手中的资源适当集中；另一方面积极探索财政资金形成的资产入股企业或合作社，既为企业发展蓄水，又要给企业创造自主经营决策的空间。同时，在金融、保险等方面给予承担扶贫任务的企业、合作社等主体更多的政策扶持，从而撬动更多的社会资源共同推动扶贫。

四是多措并举，调动脱贫户的积极性。脱贫群众是脱贫攻坚的主体力量，只有激发起他们的积极性和主动性，这场攻坚战才能取得持久的胜利。第一，扶志，就是扶思想、扶观念、扶信心，帮助脱贫群众树立起摆脱困境的斗志和勇气，变"让我脱贫"为"我要脱贫"。通过树立脱贫攻坚的成功典型，特别是身边的成功案例，采用小品、山歌、地方戏等群众喜闻乐见的形式深入宣传，转变部分脱贫群众"等、靠、要"的思想。第二，扶智，就是扶知识、扶技术、扶思路，加强对脱贫群众的教育和技术培训，授人以鱼不如授人以渔，让群众真正学到脱贫奔康的本领。第三，给机会。支持合作社的发展，提高脱贫户的组织化程度，鼓励企业充分利用本地人力资源，发展产业化经营，完善利益联结机制，让脱贫户分享产业发展的成果。

五是加大扶持，持续巩固脱贫成果。农业产业的发展面临自然风险和市场风险双重压力，在基础薄弱的脱贫地区开展产业扶贫是一项任重道远的艰巨任务。目前，很多脱贫村还只是找到了产业，引进了企业，取得了一定收益。产业能否真正形成，企业能否发展壮大，还具有一定的不确定性。后期必须加大扶持力度，增加质量认证、品牌培育、电商创建、包装物流、文化开发、农旅结合等方面的支持，让产业能够发展壮大，成为脱贫致富的持久动力。

宝山村发展集体经济推动山村蝶变[①]

宝山村位于四川省成都市彭州市龙门山镇,成都平原西北部。从20世纪70年代开始,宝山走出了一条以发展集体经济实现共同富裕为目标,工业兴村、产村互融、一三产业互动,建设社会主义新农村的道路,形成独特的"宝山模式"。2022年,宝山村集体经济总资产超100亿元,人均年收入超8万元,构建起"经济发展、村民职工富裕、环境优美、文化繁荣、管理科学"的花园式社会主义新农村,基本实现了家家住别墅、户户有轿车。

一、开启发展集体经济之路

一个经济强村、大村往往是靠集体经济的发展壮大,宝山村也是走了一条依托集体经济、实现共同富裕的道路。宝山村走上发展集体经济这条道路,不得不提起岩窝会议。1978年年底,宝山村在牛圈沟的响水岩窝召开村"两委"(村党支部委员会和村民委员会)扩大会,认真学习了党的十一届三中全会的会议精神。在会上,对全村500多户村民进行了从户到个人的梳理,结果发现九成以上的村民很难靠个人的能力致富,有的甚至种地都要靠指导。那么是将集体所有的财产分光还是继续坚持?这时候时任副书记的贾正方认为,农村不发展集体经济和巩固集体经济,农民就没有靠山。会议讨论最终确定,宝山村将坚持走发展集体经济并最终实现共同富裕的道路,这次会议对宝山村的发展产生了深远的影响。宝山集体经济经历了3次跨越式发展。

二、第一次创业(1971—1978年):造田改土和发展农业

在1966年以前,宝山村是当地有名的穷村,人均口粮仅36千克。宝山村第一次创业始于20世纪70年代初,1971年,贾正方上任村党支部副书记后,确定了"三部曲"奋斗目标,即第一步抓粮食生产、解决吃饭问题;第二步抓多种经营、增加群众收入;第三步壮大集体经济、共同富裕奔小康。当时将人员分成了3批,一批改土,一批搞种植,一批搞副业。1973年宝山村成立了由125名青壮年组成的改土专业队,开始在"山高、沟深、

[①] 2017年6月,笔者在宝山村开展实地调研。

坡陡、土薄"的乱石地里开山造梯田。经过艰苦奋斗，苦干了5年，共挖填泥土190多万立方米，改土造田715亩，结束了吃粮靠返销的历史。现在几十年过去了，任凭风吹雨打，这些梯田从来没有垮塌过，一直是宝山村旱涝保收稳产高产的粮食生产基地。同时，宝山村开始搞起了副业，专业队和部分生产队办起了石灰窑、煤矿、养殖等。1978年，全村人均口粮达213千克，宝山村第一次向国家上缴"红心粮"6万千克，而且集体有了1 600元的积累。经过第一次创业，宝山村实现了人人吃饱饭的目标，为后续经济发展奠定了坚实的基础。

三、第二次创业（1978—2008年）：农业劳动力释放和工业发展

1978年以来，随着家庭联产承包责任制的推行，农业劳动力得到释放，宝山村开始探索工业发展之路。宝山村因地制宜，走资源型发展路子，确立了"一矿二水三加工四林业"的发展思路，开始建设第一座矿山，修建第一座水电站。宝山村先后修建12座水电站、收购5座水电站，水电产业成为宝山村集体经济的支柱产业。除发展水电产业外，矿产、林木、山货等资源也被充分开发。在此基础上，创建了以水电为龙头，集乡村旅游、建工建材、建筑装饰、化工冶金、山珍食品开发等产业为一体的多元化现代企业"宝山集团"。截至2007年年底，宝山村拥有30家企业，职工1 200余人，固定资产达40亿元。

四、第三次创业（2008年以后）：农旅融合发展和村民就地城镇化

宝山村地处龙门山大断裂带，海拔高度1 050~4 300米，有丰富的动物、植物、地质资源，旅游资源较为丰富。早在1996年，宝山村就投资开发了回龙沟生态旅游区，1999年11月白水河森林公园通过国家级验收，2000年开发了宝山温泉。到21世纪初，宝山村旅游业已有一定基础。

2008年"5·12"汶川大地震给宝山村带来了史无前例的灾难性重创，全村遇难村民54人，倒塌房屋7 078间，被山体垮塌掩埋企业6个，无法恢复企业7个，受到不同程度损坏企业13个，全村总计经济损失达27.8亿元。宝山人在村"两委"一班人的带领下，迅速成立了抗震救灾指挥部，设立了农村救援组、企业救援组、后勤保障组、突击保卫组和信息宣传组共5个救援组，及时全面地展开救援、安置和灾后恢复生产工作，全力投入农房重建、产业发展、精神家园建设三大战役。宝山村借助灾后重建的契机选择了统规自建方式，宝山集团支持村民兴建现代化的农家院落。

2010年以后，宝山村以"领秀天府、幸福宝山"为发展目标，确立了"以工业为龙头，旅游为重点，管理和人才为基础，走可持续创新品牌化发展"的道路。2013年宝山投资1 000万元对715亩梯田进行了恢复改造，连片种植红茶、蓝莓、蔷薇花等，将梯田打造成大地景观，推动现代农业观光和山地旅游，实现了农民生产生活方式根本性转变。同时，鼓励发展适度规模化的家庭农场，形成一三产业互动。打造旅游产业园、避暑休闲养生屋、特色种植等农业产业，建成乡村旅游发展的新亮点。完善配套基础设施建设，为宝山村乡村旅游发展提供了硬件支持。以旅游项目为支撑带动了乡村旅游的整体发展，宝山村已发展农家乐363家，床位达20 000余间，促进了村民增收致富。宝山旅游已形成"一心四区"的总体布局，"一心"是宝山旅游接待中心，"四区"是宝山温泉度假区、宝山乡村旅游区、回龙沟大峡谷风景旅游区和太阳湾风景区。2014年宝山旅游景区被评为国家AAAA级旅游景区。

五、物质文明与精神文明两手抓

在着力发展集体经济的同时，宝山村加强村级治理，制定了《宝山新村村规民约》《宝山村新型社区管理暂行办法》《宝山村村容管理实施办法》《小区管理制度》等。宝山村适应经济发展需要，建设了宝山文化中心，配有影视厅、展览厅、书吧等。每年举办蔷薇花风车节、冰雪温泉节、市民音乐节、旅游文化节、国际友城音乐周等大型活动，开展茶艺培训，举办宝山暑期少儿书画培训班，开设"妈妈课堂"，开展以团队建设为主的拓展训练。宝山村加强人才培育，采取"招、引、请、聘、送"的人才战略，根据岗位需要，到大中专院校招收专业毕业生，请大中专院校的讲师办学习班，聘请专家、教授到企业做顾问，送有志青年到大中专院校深造。2016年9月，成立了四川宝山村庄发展学院，这是立足四川省、面向全国从事基层乡村干部和乡村创业人才培训的特色学院，通过"三实教学""三带来、三带回"办学理念和"现场教学、体验教学、情景教学、实战教学"的特色办学方式，培养出更多的村庄经营与实战新型人才。

宝山村坚持带领村民依托集体经济走共同富裕的道路，在分配上处理好干部与群众、当前和长远的关系，坚持效率优先、按劳分配原则，不搞平均主义，村民人人持有股份，年年享受分红，在全村基本实现"学有所教、劳有高酬、病有良医、住有优居、老有所养"，让村民共享发展成果。宝山村先后被授予全国文明村、全国先进基层党组织、全国乡村旅游重点村、全国乡村治理示范村、中国乡村旅游模范村、和美乡村百佳范例等荣誉称号。

【延伸思考】

构建现代农业生态圈　促进产业高质量发展[①]

生态圈在生物学或生态学领域并不是一个标准的专业词汇，类似的常用词有生物圈或生态系统。产业生态圈是社会经济领域借用生物圈或生态系统中食物链、生态位等概念来研究产业培育，它不仅指产业上下游的供应链、价值链，更强调形成多重链条构成的圈层结构，使产业的稳定性和可持续力更强大。当我们用生态圈的理念重新审视农业产业时，就会让我们思考现代农业需要哪些链条结构，才能支撑产业兴旺，促进乡村振兴。现代农业生态圈的构建至少需要从如下5个方面着手。

一是打造产业链。很多人认为农村只有第一产业，其实不然，围绕着农民生产生活，传统农村社会存在大量的二三产业形态，如打铁铺、豆腐坊、酒窖……走街串巷的"磨剪子、戗菜刀"的吆喝声……北方的"麦客"……虽然很多业态已成为乡愁记忆，但它们却是农村新业态的雏形。如今提出农村一二三产业融合发展，就是在加强第一产业的基础上，实现农村二三产业转型升级，大力发展农产品加工、仓储物流、休闲观光、健康养生、创意营销等，形成完整的产业链系统。国家统计局使用农业及相关产业增加值这一指标反映农业及其衍生产业的总体经济贡献，这一指标包括农林牧渔业，以及产品为农林牧渔业所用、直接使用农林牧渔业产品和依托农林牧渔业资源所衍生出来的二三产业。农业及相关产业增加值不仅体现了农业生产的直接成果，还涵盖了与农业密切相关的加工、制造、流通、服务等环节的经济活动，是国民经济不可或缺的重要组成部分。经核算，2020年，全国农业及相关产业增加值166 900亿元，占国内生产总值（GDP）的比重为16.47%。农业及相关产业增加值是农林牧渔业增加值的2.05倍。需要强调的是，现在各地对农村二三产业的发展热情很高，特别是乡村旅游和休闲农业，成为农民增收的重要途径。需要指出的是，农村二三产业的发展一定是在做强做优第一产业的基础上进行，农业的多功能性首先是食品供给功能，在此基础上优化、美化农业形态，俗话说"鲜花

[①] 原文发表在《中国城乡金融报》2018年7月18日B3版。

盛开，蜜蜂自来"，没有第一产业作为坚强基础的农村二三产业便是"无源之水、无本之木"。

二是优化要素链。农业是自然再生产和社会再生产的过程。自然生产过程中，土地和水是最重要的生产要素，中国的人均耕地和水资源量只有世界平均水平的40%和25%，土壤质量偏低，水污染形势不容乐观。优质的农产品首先是"产出来"的，要切实加强耕地质量提升和农业面源污染管控。中国传统农业讲求精耕细作、物质循环，然而在小农户逐步退出养殖后，种养结合的链条断裂，要重塑种养结合的现代模式。经过多年探索，各地不管是从县、镇、村等整建制推进循环农业，还是从产业园、家庭农场等主体内部发展种养结合，都积累了一些经验。除了政策引导、典型示范外，要善于利用市场机制，形成农业废弃物的收储运和处理体系。在社会再生产中，人力资本和金融资本的作用越来越突出。重视现代职业农民等新型经营主体培育的同时，也不能放弃广大的小农户，农民技能培训是个长期的工作，而且要采取灵活多样的形式。工商资本对农业的兴趣丝毫未减，但是工商资本进入农业要明确领域，切忌企业替代农民种地，这不是企业擅长的，而且要付出巨大的监督成本，企业要在技术、销售、创意、加工等环节多下功夫。

三是培育创新链。科技是第一生产力。中国农业科技进步贡献率已超过63%，但是代表着农业科技水平的科研成果转化率还比较低，说明我国应用导向的科技研发还不足，拼论文、拼专利、拼项目的科研评价体系往往让科研成果"不接地气"。中国山地面积占2/3，然而适合山区的农业机械一直是短板，不少山区老百姓的生产方式依然是传统的"手工"劳作，劳动强度大，生产效率低，山区耕地被抛荒的程度和风险也较高。品种、农资、农机、农艺、加工等方面都需要不断创新农业科技，而且需要将互联网、人工智能等新技术与农业深度融合。创新还表现在农业的创意方面，特别是农业休闲、体验等多功能农业发展，需要融入文化、艺术、节庆、习俗等创意元素。

四是形成服务链。围绕农业形成的服务业态将会快速发展，农业大数据将大有可为，精准优质的农业服务需要大数据的支撑。农业大数据至少包括气候、土壤、作物生长、市场及农户数据5个方面的内容，每一项数据都有相应的服务业应用领域。例如，气候数据是农业天气保险的依据，土壤数据是测土配方施肥的基础，市场价格是农产品期货最重要的数据支撑，作物生长的病虫害情况是实施统防统治的前提，而农户的信用情况与农村金融市场发展直接相关。各种不同的服务需要有服务主体和服务模式，要大力培育农业社会化服务，这些服务涉及产前的土壤改良、品种选育，产中的机械作业、统防统治，产后的加工流通、金融保险等环节，需要有专业化的服务队伍，还需要有不同的"套餐"，农户可以选择购买，通过社会化服务将分散的小农户联结起来，同样可以达到适度规模经营的效果。

五是构建运营链。农业经营主体和经营形式越来越多样，从农业经营主体看，除传统小农户外，还有合作社、家庭农场、农业企业等；从经营载体看，有各种规模的农场、牧场、产业园、示范园、庄园等；从组织形式看，有"公司+基地+农户""公司+合作社+农户""合作社+农户""公司+村集体经济组织""大园区+小业主"等。在这种形势下，构建运营链就是要通过科学的组织化，将价值在各利益主体间进行合理分配。例如，蔬菜的超市价和地头价有时会有几倍的差异，这中间的差价就有经纪人、大小批发商、超市等各个主体间博弈，在一定程度上压缩中间环节，比如"农超对接"，可以将更多的利润留给农户。在涉及农村集体经营性建设用地开发、田园综合体建设等项目时，如何建设和运营显得更为重要，项目背后的运营团队可能是整合了土地、农业、金融、环保、设计规划等行业的综合运营体。在运营链的构建中，农民往往处于弱势，例如有的地方在开发梯田等农业景观时，常常委托一家企业整体打造和运营，企业惯用的做法就是圈起来收门票，要么把其中的农民搬走，要么就限制或排挤农民的经营行为，这显然对农业景观的创造者——农民是不公平的。所以经营链条的构建除了要发挥市场的主导作用外，更要发挥政府的调控和监督作用，切实保护农民的利益。

农旅融合的典型模式、发展困境与对策建议①

随着城乡居民收入水平的提高，人们对生态环境、休闲娱乐、养生养老、宜居宜业等方面的需求更加旺盛。2016年，全国休闲农业和乡村旅游接待游客近21亿人次，营业收入超过5 700亿元，从业人员845万人，带动672万户农民受益，巨大的市场需求动力要求加快农业和旅游业深度融合。农旅融合对催生农村新产业新业态、实现生态宜居、增加农民收入具有重要的现实意义。

一、农旅融合的典型模式

农旅融合是在尊重农业产业功能基础上，合理开发利用农业旅游资源，将农业农村发展与旅游产业的建立与推广相结合，形成"以农促旅、以旅兴农"的发展之路。典型模式包括以下几种。

一是家庭农场+农事体验。这种模式以"农家乐""渔家乐""茶家乐""采摘园"等形式居多，经营主体多是农户，以其住房、庭院和承包地等作为营业场所，让游客吃农家饭、住农家院、干农家活，享受劳动果实，体验"采菊东篱下，悠然见南山"的乡野生活，这种融合模式是当前数量最多也是农户参与最主要的形式。

二是农业景观+观光旅游。这种模式以作物集中种植区、农区特色地形地貌、农业工程等形成的景观为旅游观光对象，如油菜花景观、稻田景观、梯田景观、草原景观、果园景观、花卉景观、水利工程景观等。这种模式的季节性和淡旺季明显，游客前来旅游往往集中在某一时段。

三是农业庄园+休闲度假。农业庄园往往具备饮食、运动、体验、养生、商务等功能，满足人们在紧张工作之余的短期休闲。农业园区、农业嘉年华等与农业庄园类似，都由人工设计和建设，具有一定的规模，也有休闲旅游功能。

四是乡土风情+民俗旅游。这种模式主打农村文化、民风民俗、乡土建筑、民族风情等，比较典型的有少数民族村寨、传统村落、历史文化名村名镇、农业文化遗产地等，这些地域有较为深厚的文化底蕴，特色的民风

---

① 原文发表在《农民日报》2018年2月10日第3版。

民俗，也是常规旅游中经常主打的项目。

五是美丽乡村+健康养生。凭借乡村优美的自然环境和健全的服务设施，吸引城市居民来此养生、养老，这种融合模式中游客具有候鸟式特征，尤其适合中老年和短期休养人群，乡村需要配备较为完善的医疗、康健等设施保障。如四川省成都市宝山村，每年夏秋季节吸引大批的城市居民来此度假、避暑、养老。

二、农旅融合的发展瓶颈

一是从农旅融合的发展理念看，有的地区发展旅游的热情较高，但是缺乏前期规划和整体设计，导致旅游发展的无序和混乱。有的地区重经济发展，轻生态保护。对南方稻作梯田部分地区的调研发现，随着游客和客栈的增多，用水量增加，由于住宅和客栈位于山腰，从而减少和分散了山上涵养并自流到山下梯田的水量，有些梯田开始出现旱化。还有的地区乡村民俗文化越来越迎合旅游发展需要，出现文化"庸俗化"的现象。

二是从农旅融合的产业链条看，由于农业的季节性特点，农旅融合出现"潮汐"现象，即短时间内游客的过量进入，主要以观光为主，产业链条短，为当地创造的价值有限。农产品转化为旅游产品不足，旅游对农业的带动能力有限。农旅融合产业发展的层级较低，特色不明显，同质化问题突出，在农事体验、传统饮食、农耕文化等方面的深度挖掘不足。旅游旺季过多的游客进入可能对当地生态环境造成人为扰动。

三是从农旅融合的经营主体看，全国层面，以农户为经营主体的农家乐仍然是休闲农业的主要类型，但是农户受自身管理能力、资本投入等条件的限制，往往存在低层次、重复性建设，主要满足中低端消费市场的需求，容易导致恶性竞争和无序发展。休闲农庄等规模化的经营主体以工商资本为主，个别地方也出现工商资本借休闲农业之名乱占耕地的现象，需加以规范和引导。

四是从农旅融合的体制机制看，利益联结机制不完善，个别地方出现工商资本对农户的"挤出"。部分发展旅游的村庄，不少规模大、名气大的客栈是外地人经营的，因为他们的客栈条件好，还可以利用互联网做宣传，并有能力接待国外游客，而这些客栈给当地人提供的就业机会有限，相当一部分增值收益被外地人拿走。有些地区以景区的形式进行开发，农户进行农业生产维持了美丽景观却没有从旅游开发中获得相应的补偿。农村的宅基地、集体建设用地等相关制度改革滞后，金融市场发展不足，农户利用房屋、土地等抵押贷款的权能受限。

三、农旅融合的困境摆脱

一要加强规划引导,强调绿色引领。在农旅融合发展过程中,要结合当地的资源禀赋、人文历史、区位特点、产业特色、消费能力和消费习惯,创新规划理念,突出产业特色,优化功能布局,这既是解决布局简单雷同、项目同质同构的前提,又是降低发展成本、适应消费习惯的关键,也是提升竞争力、增强持续吸引力的核心。配套游客中心、标识系统、骑行绿道等设施,满足各项旅游要求。乡村的休闲功能在很大程度上得益于乡村优美的环境、清新的空气、纯净的水质、健康的食品,要加强农业生态保护,实施农业生物多样性保护工程,开展生态环境监测,实施美丽乡村和农村生态文明建设工程,深入开展农村人居环境综合整治。

二要促进产业聚集,树立品牌效应。建立集农产品生产、加工、休闲观光、特色产品销售等为一体的产业集群,打造地方特色农耕文化名片,在品牌推介、市场开拓、资金支持等方面给予企业一定的优惠和扶持政策。促进农产品变旅游产品,鼓励企业面向市场,提高科技水平和研发能力,开发差异化产品和功能性产品,提高市场竞争力。创新农旅融合发展的市场运作模式,充分利用互联网、物联网等新技术以及互联网金融、众筹、PPP等新工具和新模式,完善旅游基础设施,提升旅游道路、旅游接待、旅游服务等建设水平。创新旅游产品开发,完善旅游路线,建设农耕文化主题餐厅,加强传统生产技艺体验等项目。

三要完善利益联结,保护农民利益。保护农民在农旅融合发展中的利益,在就业安排与创业机会上更多地让原住民参与,让其在农旅融合发展中真正得到实惠。通过产业组织形式创新,发挥旅游开发企业对农户的带动作用,同时协调产业部门之间、上下游之间的利益关系,对基础产业和弱势群体进行适度补偿。创新农旅融合发展的组织模式,发挥村集体经济组织、合作社在组织农户方面的重要作用。按照宜疏不宜堵的原则,科学划定工商资本进入的区域和类别,鼓励工商资本开展特色农产品生产、加工、流通、销售,以及相关技术研发和旅游项目开发等,同时强化工商资本进入农业的土地用途管制。加强对农户的培训,提升农户的服务意识和旅游接待水平。

四要强化政策扶持,进行制度创新。在农旅融合发展初始阶段,发挥好政府的引导作用,科学制定产业融合发展规划,建立健全产业融合发展的管理体系和管理制度。整合分散于农业产业化、农产品加工、农产品流通、休闲农业开发等领域的扶持政策,发挥资金合力的作用。在农村土地、金融等方面为农旅融合发展提供一定优惠措施。加强对脱贫地区开展农旅融合的财政转移支付力度，重点加强生态保护和基础设施建设。适应农旅融合发展的需要，调整农村用地政策，允许农村集体建设用地用于农旅融合发展项目。对发展休闲农业的农户，扩大贷款抵押物范围，有条件的地方开展信用贷款，拓宽农户融资渠道，鼓励利用农村"四荒地"发展休闲农业。

第三部分
生态宜居

农业是个生态产业，农村是生态系统的重要一环。可以说，良好生态环境是农村最大优势和宝贵财富。实施乡村振兴战略，一个重要任务就是推行绿色发展和生活方式，让生态美起来、环境净起来，再现山清水秀、天蓝地绿、村美人和的美丽画卷。近年来，通过化肥农药减量、白色污染治理、畜禽粪污和秸秆资源化利用、土壤污染防治和农村人居环境整治等举措，农业农村生态环境状况得到极大提升，农村生态文明建设取得积极成效。

本部分重点介绍了4个案例。胜可家庭农场代表了一类从事种养结合的新型农业经营主体，另外，农场具备了开展畜禽粪污社会化服务的雏形，这可能是未来一个重要方向，即培育专业化从事环境治理的市场主体，让专业的人干专业的事。武胜县飞龙镇卢山村和成都高新区的案例，主要展现了基层在推进农村人居环境整治中的典型做法。崇州市川西林盘的案例则综合体现了通过人居环境整治、基础设施建设等举措，让林盘这一传统聚落更加"宜居宜业"。

【实践调研】

新都区胜可家庭农场畜禽粪污资源化利用[①]

随着工业化城市化和市场经济的发展,农村一家一户既种又养的模式逐步退出,种养业专业化、规模化生产快速发展,但种养衔接不够紧密,导致畜禽粪便、作物秸秆这些本来宝贵的资源因种养循环的链条断裂,反而污染环境。据统计,全国畜禽粪便总排放量超过30亿吨,综合利用率为78%。中国传统农业蕴含朴素的生态保护和物质循环利用的思想,具有"天地合一、因地制宜、用养结合、良性循环、持续利用"的发展模式。重塑种养结合的循环链条对于促进农业绿色发展,治理农村环境问题,实现生态宜居目标具有重要的现实意义。2017年6月,国务院颁布《关于加快推进畜禽养殖废弃物资源化利用的意见》,要求构建种养循环发展机制,推进畜禽养殖废弃物资源化利用。

近年来,农业新型经营主体快速发展,全国已有家庭农场近400万家,依法登记的农民合作社超220万家。2017年,全国农村固定观察点对新型农业经营主体的调查表明,超过四成的家庭农场采取了种养结合模式,88.1%的合作社开展了生态农业和循环农业实践,新型经营主体已成为转变农业发展方式、推动农业生态转型的重要力量。开展种养结合的家庭农场以农户家庭为单位将畜禽养殖产生的粪便、有机物作为有机肥,为种植业提供肥料来源,而种植业又为养殖业提供饲料等原料,物质和能量在动物、植物之间充分循环和利用。种养结合主体除自身实现畜禽粪便循环利用以外,还开展社会化服务,这是推动畜禽粪便资源化利用的重要途径。

本文采取"解剖麻雀"的方法,对典型农场进行种养结合的发展历程、循环模式、种养配比、产业配套、政策支持以及畜禽粪污治理社会化服务等方面进行调查和分析,以期为促进种养循环和畜禽粪便治理的社会化服务提供决策参考。

---

① 2017年6月,笔者在胜可农场开展调研,与农场负责人进行了深度访谈。调研成果《家庭农场开展种养循环与畜禽粪污治理社会化服务的实践与启示——基于一个家庭农场的调研》发表在《环境生态学》2020年第2期。

一、家庭农场基本情况

调研的家庭农场名为胜可家庭农场，位于成都市新都区新繁镇同裕村。农场主于2008年创办了农场，以养猪为主业。农场常年存栏生猪580头左右，每年出栏生猪1 500~1 600头。2009年开始在农场周边流转土地，种植花椒、苗木等，2012年扩大种植规模，先后流转了共计200亩的耕地，流转期限到第二轮承包期结束，每亩流转费用约1 700元（按175千克稻谷+175千克小麦的当年收购价格折算），农场每年10月以现金形式支付农户本年度土地流转费用。流转土地主要种植果树、花卉苗木、水稻、蔬菜等，种植和养殖情况如表1所示。

表1 胜可家庭农场种植和养殖基本情况

项目	品种	单位	数量
种植	新都柚	公顷	2
	李子	公顷	2
	花椒	公顷	2
	花卉苗木	公顷	2
	水稻	公顷	4.67
	蔬菜	公顷	0.67
养殖	生猪	头（年出栏）	1 500~1 600

注：该农场的家庭自有劳动力3人，长期聘用4人。此外，在采花椒、作物收获等农忙季节，还要临时雇工。

二、家庭农场的种养循环模式

（一）家庭农场畜禽粪污循环利用模式

家庭农场在生猪养殖方面实行"三分离二配套一结合"，即雨污分离、干湿分离、净道污道分离，沼气池配套、沼液池配套以及种养结合的模式。污染治理和综合利用措施包括：其一，圈舍产生的粪便进行人工收集清运，冲洗的粪便在沉渣池沉积后进行收集清运，干粪在堆粪场堆肥发酵后用于果、蔬、苗圃的种植园区；其二，圈舍产生的尿液和冲洗污水经污水收集沟进入沼气池进行厌氧发酵处理，沼气作为场内生活生产用能，沼液进入沼液池，用沼渣泵或自流至种植园，作为作物的有机肥（图1）。

畜禽干粪通过粪污通道收集，在堆沤后作为作物肥料。尿液和冲洗水通过污水通道进入沼气池进行厌氧发酵，然后通过污水管道自流或用污水泵抽排到田间的储液池，再浇灌到农田作肥料。

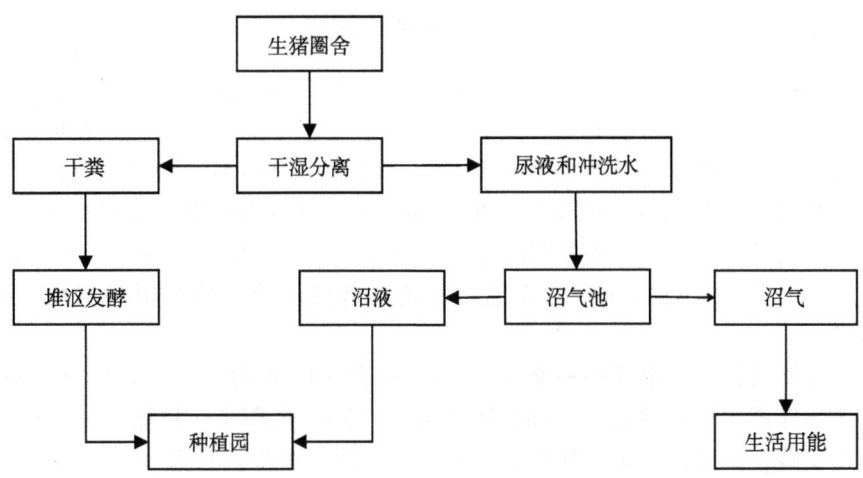

图 1　家庭农场畜禽粪污循环利用模式

（二）基于土地消纳能力的种养配比

畜禽粪肥的消纳需要一定面积的土地，也跟种植作物有关。使用沼液浇灌蔬菜时，往往要与清水掺兑，一般是 1/3 的沼液兑 2/3 的清水，在增加菜地养分的同时保持土壤的湿度。果园可以消纳的沼液数量较多，每年可使用沼液浇灌 5 次左右。不同作物对沼液的消纳能力不同，根据胜可农场的经验，消纳能力从小到大依次为蔬菜、粮油作物和果树。农场果树种植比重较大，200 亩的种植基地基本可以消纳每年出栏 1 500 头猪的畜禽粪污，但 2016 年蔬菜种植比重较高时，沼液不能完全消纳。根据农场主经验估计，以生猪养殖为例，基于沼液消纳能力的土地承载能力经验估计如表 2 所示。

表 2　基于沼液消纳能力的土地承载能力经验估计

项目	菜地	粮地（水稻、油菜）	果园
每公顷承载数量/头	7.5~22.5	30~45	150~225

（三）沼气的生产生活利用

胜可家庭农场的沼气池为 300 立方米，产生的沼气用管道输送到农场的榨油坊以及生活使用，但是沼气产气量不稳定，夏季产气多，冬季产气少，产气量少时还需要与天然气搭配使用。猪舍的烘干、保温没有用沼气，主要原因是沼气池产气不稳，所以选择用电，养殖场每月的电费花销在 1 300 元左右，养殖环节的用电成本较高。

三、畜禽粪污资源化利用的社会化服务

调研发现，当地的养殖户一般都有沼气池，再配备一个储液池，养殖场如果没有配套的种植基地，粪污的处理就是一个棘手的问题。农场主在与其他养殖户接触中，了解到现在环保要求高，粪污不能随意排放，很多养殖户都存在粪污处理的难题。2017年4月，胜可家庭农场花费9万元购置了一辆抽粪车，政府相关部门为鼓励其开展社会化服务，补贴了5万元，此后，胜可家庭农场开始为其他养殖场畜禽粪污的异地利用提供社会化服务。

成本收益是决定开展畜禽粪污治理社会化服务的关键，如果有收益，相关主体就有积极性为养殖场的畜禽粪污治理提供服务。根据胜可家庭农场的实践，提供社会化服务的主要收入为：抽一车沼液收取80元（每车5吨），然后将沼液运输到种植户的农田进行施用，收取每车180元的费用，主要支出为运输费和人工费。经过2017年5月试运营，完成抽粪51车，共计约250立方米，浇灌面积约2.5公顷，服务范围以本辖区为主，少量服务邻近区县。根据试运行期间的成本核算显示基本保本，没有盈利空间。

胜可家庭农场计划成立畜禽粪污治理合作社，在试运营期间已经有8家成员，成员主要来自家庭农场协会、猪业协会、农业职业经理人协会的业主以及新型职业农民。服务对象主要为规模化的养殖户和种植户，这些规模化养殖业主环保意识较强，已经认识到粪污若处理不当将带来很大的环保风险，加入合作社的意愿强烈，同时也满足了种植户对有机肥的需求（图2）。

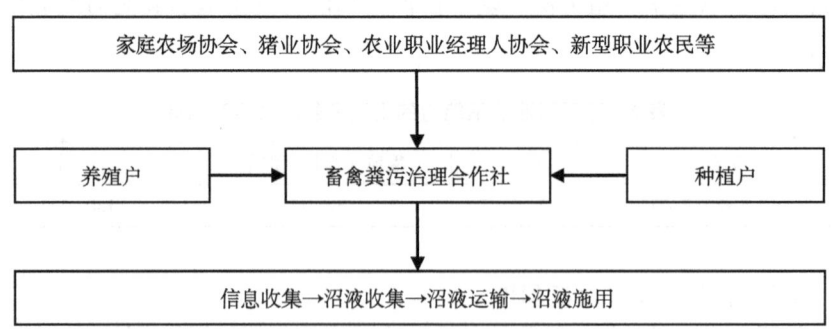

图2　畜禽粪污治理合作社运营模式

四、结语与思考

在小农户种养分离的大趋势下，引导和鼓励具有一定规模的家庭农场

开展种养结合的方式，是现阶段解决畜禽粪污治理，提升农产品品质和效益的重要途径之一。在家庭农场尺度上，推进种养结合和开展畜禽粪污治理社会化服务需要相关的配套设施和政策体系做支撑，具体来看主要有4个方面。

一是用地配套。养殖的牲畜需要足够的土地来消纳其粪污，这就需要做好土地的承载力分析，不同的种植模式下，消纳的畜禽粪污数量存在较大差异。农田最好在养殖场周边，能够集中连片，既方便粪污输送设施的安装，又降低成本。如果没有足够的土地消纳，还要考虑粪污的异地利用问题，这就需要配备相关的收集、储运的设备和车辆等。

二是工程配套。种养结合是物质流和能量流在种植业和养殖业之间的流动，种植业的产品及秸秆等以饲料形式进入养殖业，或者秸秆与粪污发酵后还田，畜禽养殖废弃物则以肥料的形式进入种植业，中间联结的环节需要建设粪污的处理、储存工程，如沼气池、堆粪场等，规模化的养殖场需要专业设计团队进行整个循环的工程设计。此外，种养循环农场还需要一些基础设施和田间的配套，如输送沼液、沼气的管道，田间的沼液浇灌沟等。

三是产业配套。除种植业和养殖业以外，整个农场的循环链条也需要产品加工、服务业等产业的配套才能完成整个循环，实现废弃物的零排放。例如，农场的家庭生活不能完全消化产生的沼气，自家的榨油坊刚好消耗了剩余的沼气，避免向环境中排放。当然，沼气用于猪舍保温和干燥的设计还需优化，以降低养殖用能成本。胜可家庭农场的抽粪服务实际是粪污治理的社会化服务模式，属于农村新型服务业，从而实现粪污的异地利用。

四是政策配套。相对单一种植或养殖，种养结合可以在一定程度上分散单一产业的市场风险。然而，种养结合所需的土地、基础设施、粪污处理、产业配套等增加了经营主体的成本，循环链条上的任何一环因风险而断裂，将影响整个循环网络的运行甚至造成网络崩溃，而重新修复循环网络需要再次投入成本，所以保持循环链条的稳定对种养循环经营至关重要，这就需要通过保险化解风险，还要加强政府财政对环保投入和社会化服务的支持。例如，胜可家庭农场购买了生猪价格保险，当生猪的市场价格低于保险价格时，就启动保险。2017年，胜可家庭农场获得新都区农村面源污染治理种养结合农业循环经济示范项目，获得补贴资金60万元，主要用于建设排污管道、沼液贮存池、干粪堆沤场、泵及控制泵房、田间贮液池、沼液输送管道、田间贮液池控制泵及泵房、沼液还田微管设施、警示标志及标牌和安全围栏。通过风险化解和政策支持可以促进家庭农场种养循环的稳定性。在畜禽粪污治理的社会化服务方面，从胜可家庭农场的实践看，只能保本，如果要提高服务主体的积极性，需要加大对畜禽粪污治理社会化服务的支持，可以通过政府购买服务的方式，根据社会化服务主体的资源化利用量和处理量给予一定的补贴，激励社会化服务主体扩大服务范围，提高服务能力。

武胜县飞龙镇卢山村农村垃圾分类处理[①]

武胜县位于四川省东部，嘉陵江中游，隶属四川省广安市。武胜县飞龙镇卢山村在"户分类、村收集、乡转运、县处理"的基础上，着力在垃圾分类自觉化、收集保洁常态化、转运处理专业化上下功夫，大力推进垃圾分类减量和资源利用，已经取得了明显成效。张家院子是卢山村垃圾治理典范之一，张家院子有农户108户312人，主要做法是推进农村生活垃圾分类处理和组建保洁队伍模式。

一是强化教育引导，在垃圾分类自觉化上下功夫。通过村"两委"积极倡导组织、村民民主协商和集体议定，推进"1元钱"收费制度（在家农户每月交1元钱垃圾收集处理费），调动村民对垃圾分类处理的主动意识和监督意识，由旁观者变为参与者。注重培训引导，将垃圾类别、处理流程以明白纸、顺口溜等通俗易懂的方式，引导村民熟悉了解垃圾分类标准。对可回收垃圾，由村民自行售卖；对易腐烂可还田的垃圾，由保洁员统一收集处理后就近就地还田利用；对其他垃圾，由保洁员统一清运至村垃圾池（桶）。以乡风文明为载体，设立日常生活用品等实物奖品，定期评比、奖励"文明示范户"，调动村民积极性。

二是合理设岗定责，在收集保洁常态化上下功夫。按照个人申请、村委评议、乡镇审核、公示备案等程序，优先聘用有就业愿望、有劳动能力、责任心强且身体健康的脱贫户和特殊困难群众，开发公益性岗位8个，组建保洁队伍。实行环境保洁和垃圾清运精细化管理，对保洁员实行定岗、定责、定资，明确公共区域内卫生保洁员、农户垃圾分类指导员、及时清运监督员的"三员"职责。创新"财政补助一点、集体解决一点、在家农户按每月1元标准缴纳一点"的"三个一点"机制，保洁员每人每月补助400元（县财政补助300元，村和农户筹资100元）。其中，设置每人每月100元的考核金，由村"两委"组织党员代表、群众代表定期考核，并按照《武胜县环卫保洁村级公益性岗位职责及考核办法》兑现考核金。

三是优化工作机制，在转运处理专业化上下功夫。将"农户分类+自行清运"调整为"农户分类+村级收集"模式，合理布局垃圾池（桶），实行

[①] 2019年4月，笔者随成都高新区调研组在武胜县开展调研。

农户、保洁员、专业队伍、村"两委""分类、收集、转运"相互监督机制，解决农户分类效果不佳、先分后混等问题，提高垃圾分类处置实效。明确收集、处理、转运时序，由乡镇签约的垃圾处置专业队伍统一转运至乡镇压缩式垃圾中转站，提高垃圾转运实效。坚持市场化运作，由县属国有企业负责压缩式垃圾中转站的运营管理，实现规范化处理。

成都高新区农村厕所革命和污水治理

小厕所、大民生。厕所直接影响农民群众的获得感和幸福感。习近平总书记多次就"厕所革命"作出重要指示，强调"厕所问题不是小事情，是城乡文明建设的重要方面，不但景区、城市要抓，农村也要抓，要把这项工作作为乡村振兴战略的一项具体工作来推进，努力补齐这块影响群众生活品质的短板"。2018年12月，中央农办、农业农村部等8部门联合印发《关于推进农村"厕所革命"专项行动的指导意见》，各地积极行动，想办法、出实招、破难题，推动农村厕所革命和污水处理。2019年7月，中央农办、农业农村部等7部门联合印发《关于切实提高农村改厕工作质量的通知》，要求坚持问题导向，切实提高改厕质量。

从2018年起，成都高新区（2020年进行区划调整，这里讲的工作主要是行政区划调整前）启动了农村厕所改造三年行动，计划2020年年底全部消灭农村旱厕，同步推进污水治理。高新区成立以管委会主任为组长的"厕所革命"领导小组，印发《成都高新区农村户用厕所改造提升实施方案（2018—2020年）》等政策性文件，明确了目标任务、基本原则、实施步骤、主要工作和保障措施。主要模式如下。

一、农村散户厕所改造模式

一是调查摸底，试点先行。通过摸底调查，确定需要改厕的农户数量为19 302户。确定实施范围，排除近期实施拆迁的农户。在原清风乡确定试点农户，在模式选择上照顾到不同农户的实际情况：一类是家里有粪坑，需要改建成三格化肥池；一类是家里既有沼气池又有粪坑，需要合并进沼气池进行无害化处理；还有一类是既没有沼气池也没有粪坑，需要新建三格化粪池。试点建设中，按照成都市统一设计要求施工，精确核算建设成本。

二是强化宣传，制定奖补政策。采取"先建后补、以奖代补"的方式，按照户口5人以下（含5人）每户2 600元（包括成都市级财政每户600元，高新区财政每户2 000元），户口5人以上（不含5人）每户2 800元（包括成都市级财政每户600元，高新区财政每户2 200元）的标准补助农户，安排乡镇统筹资金每户100元，用于户厕改造验收等工作。

三是加强指导，引进改厕新产品。在厕改工作中，创新引入第三方监理公司参与户厕改造工作。通过监理公司专业人员的技术指导，在确保技术标准的前提下灵活制定施工方案，减少户厕改造过程中返工现象的发生，降低了农户投入成本，确保户厕改造工程质量达到相关技术要求。针对农户自建三格化粪池经常出现过粪管安装错误、防渗措施不达标、盖板过厚或过薄等实际问题，引导老百姓采用质量过关的一体化三格化粪池，提高安全性、标准化和粪污处理的效果。

二、20户以上集中居住区厕污共治模式

对于20户以上居住相对集中的地区，采取"户用卫生厕所+三格化粪池（沼气池）+一体化小型污水处理设施"的厕污处理模式，使小聚居区农户厕污排放问题得到有效解决。在建设模式上，采用政府招投标的方式，让专业机构进行建设，建设资金由相关财政资金支付。

三、城镇污水和周边农户生活污水共治模式

对于乡镇场镇和周边的农户，将厕所粪污、生活污水纳入乡镇污水收集管网，接入乡镇污水处理站一并处理。

四、抓好农村厕所革命的关键举措

要从6个方面落实厕所革命工作，抓细抓实，让好事办好。

一要做好组织动员。贯彻落实好县抓落实的工作机制，成立领导小组、协调机构，明确农业农村、水务、环保、文化旅游等相关部门责任，统筹好户厕改造、农村集中居住区污水治理、场镇污水治理、农村公厕和旅游厕所等建设任务，还要与土坯房改造、农村新居建设、农村产业项目等结合。做好农民群众动员工作，通过多种媒体广泛宣传，召开议事会、坝坝会等，让农户认识到改厕的好处，让农民支持改厕，从而参与改厕。以点带面，先易后难，示范引领，整村推进。

二要细化改厕模式。改厕要因地制宜，气候差异影响改厕模式，特别是严寒、缺水地区，应宜水则水，宜旱则旱。地形、地势也影响改厕模式，平原地区群众居住较为集中，而山地丘陵地区则相对分散，应宜集中则集中，宜分散则分散。场镇附近的农户力争接入污水管网，单家独院分散居住的农户宜采用三格化粪池模式，居住较为集中的农户可建设污水处理设施或人工湿地，仍有部分农户利用庭院少量养殖畜禽，可将畜禽粪污治理与改厕相结合，三联通沼气池依然是有效的模式。

三要优选技术产品。要选择技术较为成熟、质量过关的产品，在施工

过程中加强技术指导。砖混结构的三格化粪池特别要注意防渗漏、过粪管安装以及水泥盖板的安全性。一体化的三格化粪池要注重材料的强度和密闭性，防止挤压变形影响群众使用及造成二次污染。设计农村集中居住区污水处理设施时，要充分考虑农村居民污水排放系数与城市的差别，考虑农村常住人口少，而春节等重要节日期间返乡务工人员集中回乡的人口流动特征，合理设计污水处理能力，避免造成设备无法正常运转或短时间内达不到处理能力的问题。在选择处理工艺时，既要考虑设备、管网等成本，还要考虑设备安装后的运行费用，降低后期管护成本。

四要放活实施方式。市级或县级层面根据不同户厕改造模式，统一制定技术标准和设计方案，可由乡镇组织实施。农户自建三格化粪池的，鼓励农户自主采购建材，自行选择或民主议定乡村工匠的方式实施。使用一体化三格化粪池的，可以由乡镇统一采购或组织农户团购。需要安装污水处理设施的，要简化建设项目审批和招投标程序，降低建设成本。引导农户参与厕所改造的工程监督、竣工验收等环节。同时加强技术指导，可聘请专业技术团队，及时解决农户在厕所改造过程中遇到的困难和问题。

五要落实政策支持。地方各级财政要落实专项经费，鼓励采取"先建后补、以奖代补"的形式，给予改厕户一定的资金支持，引导农户在改厕过程中投工投劳。发挥财政资金的撬动作用，特别是在农村新居、农业产业园区建设中，吸引社会资本、金融资本参与农村厕所革命（农村公厕，以商养厕），中央财政奖补资金向中西部和脱贫地区倾斜。对厕所粪污处理设施建设安装过程中可能涉及使用动力电、占用建设用地或农用地等，相关管理部门要予以协调解决。

六要统筹后期管护。坚持建管并重，保证厕污处理的设施、设备出现问题时有专业人员维修，需要定期维护的设施、设备有专人负责。开展厕所粪污资源化利用，引导成立厕所粪污处理社会化服务组织，进行粪渣、粪液收运和利用。

"看川"乡村振兴——四川省推进乡村全面振兴的调研与思考

崇州市川西林盘获新生[①]

林盘,简单来说就是乡村院落与周边高大乔木、竹林、河流及外围耕地等自然环境有机融合形成的田间绿岛,是蜀地乡村固有的一种生存居住模式。林盘有大有小,几户或几十户皆有。它遍布四川省各地,又以成都平原的聚落最为典型,因此又称为"川西林盘"。

位于成都平原腹地的崇州市林盘资源十分丰富,各类大小林盘总数达7 386个。近年来,崇州市以"全域旅游、全业旅游、全域景区"的理念,把林盘当作景点来打造,通过风貌特色化塑造、产业融合化发展、生活品质化营造,把乡村林盘打造成诗意栖居的聚居地、产业发展的联合体、天府文化的展示窗、共建共享的新平台,是成都市建设美丽宜居公园城市最生动的乡村表达。2017年年底,成都市将林盘修复工程确定为实施乡村振兴战略的十大工程之一,标志着林盘修复从更高层面被置于乡村振兴大局。

一、农耕文明的展览馆

崇州市集贤乡山泉村徐家渡林盘的旧貌曾令人担忧,村民回忆,林盘内棚房低矮,通道狭窄,杂物堆积,林盘内的竹林被村民当作垃圾场,环抱林盘的铁溪河因为上游养殖业污染,一到夏天河里全是红色的虫子,村民吃的地下水也是黄色,白衣服一旦放在水里就被染成了黄色。

徐家渡林盘的境遇具有典型性。2010年,崇州市对全市林盘进行摸排,情况不容乐观。绝大部分林盘都处于路断、房陋、林乱、村空、配套缺的窘境。各林盘内除电力、电信设施解决较好以外,其他的市政配套设施明显不足,饮水安全、污水直排、林盘内道路硬化不足交通不便等问题普遍存在。

随着城乡一体化的推进,农村新型社区、农民集中居住、农业产业化发展在极大改善农村居住条件的同时,一些林盘由于缺乏人气和必要的修缮而逐渐走向衰落,传统林盘从数量和形态上均有明显减少。

与此同时,林盘所承载的美学价值、文化价值和生态价值逐渐得到重视。林盘景观构成了独具特色的川西农居风貌,是集生产、生活、景观、

---

① 原文《川西林盘获新生》发表于《农民日报》2018年11月2日005版。

生态于一体的复合型农村居住环境形态，是传统农耕时代文明的结晶。

根据前期摸排统计，崇州市全市7 386个林盘，占地面积7.4万亩。其中，可利用林盘空地3.1万亩，可利用闲置住房78万平方米。在林盘内经营的餐饮点121家，传统工艺作坊80家，传统手工艺人383人，包括竹编、棕编、藤编、木雕、石雕、园艺、陶艺、风筝等几十种传统手工艺制作人员。

如何才能盘活这些闲置的林盘资源，成为摆在崇州市面前的一项重大课题，这事关27万林盘常住人口生活居住环境的改善，也是一次时代赋予的培育乡村新业态，为乡村发展注入新动能的机会。崇州市的目标是把川西林盘打造成为诗意栖居的聚居地、产业发展的联合体、天府文化的展示窗、共建共享的新平台。

二、诗意栖居的聚居地

要把川西林盘建设成诗意栖居的聚居地，就一定不能把原生的田园风光改坏了，不能把原真的乡村风貌改没了，不能把原味的历史质感改少了。为此，崇州市在强化旅游法则主导，推动景观化、景区化理念在林盘建设中刚性落地的同时，探索建立了规划设计引领下的风貌控制机制，组建由设计师、艺术家等构成的林盘审美委员会，用现代的审美，从空间立体性、平面协调性、风貌整体性、文脉延续性各方面进行管控和引导。

在具体建设上，崇州市遵循"少拆多改"理念，围绕整田、理水、护林、改院，制定了"3456"守则。"3"即先共识后共建、先生态后项目、先公建后产业；"4"是四不，即不大拆大建、不挖山填塘、不过度设计、不冒进求洋；"5"是五原，即最大程度地保护原生态、留下原住民、保留原住房、尊重原产权、使用原材料；"6"是6项基础工作，即"清、理、补、改、拆、通"，清理水桶、棚房、杂物，理顺河渠水系、视线通道，补齐公共配套、景观景致，改厨改厕改围墙，拆除违章建筑，通白来水、天然气、互联网、排污设施和道路互联互通。

徐家渡林盘是"3456"守则的第一批"践行者"。2015年3月，徐家渡林盘召开居民大会，对开展林盘修复项目达成共识，并形成3个不赔偿的决议，即迁坟不赔偿、景观占地不赔偿、砍树不赔偿。经过"清、理、补、改、拆、通"6项基础工作，徐家渡林盘洗去满身尘垢，显出清爽雅致之气。走进林盘，沿着用鹅卵石点缀的石板路向前，两边是风貌改造后的农房，一米来高的院墙上，开了雅致的花窗。村民在院子里种上丝瓜、黄瓜等蔬菜，绿色的藤蔓倚着院墙探出头来，与院子里开得正艳的三角梅相互映衬，像是一幅用色亮丽的民俗画。

这只是直观感受，"干货"在地下呢！如今，徐家渡林盘通上了自来水、天然气，安上了雨污分离下水管道，有了污水收集处理设施，村民也纷纷改厕改厨改棚房，现在家家户户都是冲水厕了。

为了更好地借鉴崇州市先行先试经验，天府林盘学院在崇州市成立，承担起全市数千名乡村干部的川西林盘整治培训工作。

三、产业发展的联合体

随着跨界成为热词，林盘对农、旅、文、体、商等产业的承载潜力也开始被发掘。在一系列招商引才政策的支撑下，林盘像磁石一样吸引着资金、人才聚拢，各类新业态层出不穷。

有依托现代农业（林业）示范基地，采取"人才+项目+基金+基地"方式，引进农业科研人才，建成农业服务型林盘的，如桤泉农业专家大院、锦江乌尤驿；有依托田园山水、林盘聚落，引进专业团队，打造精品民宿、特色林盘酒店的；还有依托街子音乐小镇等5个文创基地，引进国内外规划设计专家团队，建成文创型林盘的……

为进一步拓展林盘产业空间，在顶层设计上，崇州市把林盘、绿道作为产业生态圈的重要组成部分，主动承接重大项目辐射，推动借景造势、以景兴业。

处于现代农业功能区的"白头—道明"川西林盘聚落示范带，以天府良仓"水稻+"等总投资436亿元的11个现代农业支撑项目，与优质粮油产业园联动发展，已建成荷风水村、余花龙门子、竹海听涛等农旅融合型林盘。处于服务康养旅游集聚区的"锦江—观胜"川西林盘聚落示范带，以总投资346亿元的9个康养旅游项目为支撑，已建成街子高墩旅游小村、严家弯湾川派盆景小村等旅游型林盘。

精心修复后的林盘如同珍珠一样分散在田间沃野，将它们串珠成链、扩点成面、连片成网，是放大林盘价值的必然路径，也是崇州市"全域旅游、全业旅游、全域景区"策略的必然要求。

为此，崇州市以文井江为主脉，根据功能分区和特色镇、产业园、景区布局，规划了"一脉两轴三带五环"的绿道体系，以串联城乡、产业、林盘、景区，一个"多园支撑、绿道串联、田园覆盖"的绿色空间系统正在快速生长。

四、天府文化的展示窗

竹艺村三径书院的主人马嘶是一位青年诗人，怀着做一家现代乡村公益书院的理想来到竹艺村。以马嘶为代表的新村民的入驻，让这个川西传统林盘逐渐呈现浓浓的艺术气息。不得不提的就是掩映在竹林之中的网红建筑"竹里"，众多建筑爱好者不远万里，只为一睹芳容。

从空中俯瞰，"竹里"的外形类似"无限（∞）"这个符号。曾任蜀州（今崇州市）通判的陆游，在造访道明镇的白塔禅院时，写下了"竹里房栊一径深。静悄悄。乱红飞尽绿成阴。有鸣禽"之句。设计师团队由此获得了设计灵感——他们把当地的传统竹编工艺以一种巧妙的方式融合其中，希望这种古老技艺能借此得到传承和复兴。

"竹里"的走红为道明竹编的复兴打了一个漂亮的"先头战"。20世纪60—70年代，传承数百年的道明竹编火极一时，全镇几乎家家户户都从事与竹编有关的行业。然而，受到工业化冲击，竹编产业渐渐没落。如何另寻出路，是道明竹编几位非遗传承人最大的心事。

文创资源的聚集为道明竹编的复兴提供了土壤。在相关部门协助下，竹艺村引入中央美术学院、澳大利亚竹研究院等竹编文创、产业资源，建立竹编创客基地、竹艺工坊、非物质文化研习所，邀请国内外竹编研究专家、产业人才、文创人才，开展竹编工艺、竹编文化、竹编市场的交流合作和产品创作。在竹艺村的竹编博物馆，你能看到竹编制作的上千种时尚物件。他们早已从实用生活用品蝶变为设计时尚的艺术品。

难能可贵的是，在浓浓的文化艺术气息之中，竹艺村原始本真的乡野模样却仍然清晰：房前菜地、屋后修竹，上了年纪的老太太依然坐在小凳子上倚着门口安静地编着花篮。

五、共建共享的新平台

精心打造后的林盘仍然保持着一个自然村落的模样，但其所承载的使命已经不可同日而语。新居民的到来、新业态的落地，在为村子带来机遇的同时，也带来了乡村治理上的挑战。

为促进村子的有效治理，以竹艺村为代表的新林盘通过构建"一核两会"，形成了多元参与的新机制。所谓"一核两会"，即以党支部为核心，成立林盘自治组织竹艺新村管委会和林盘发展组织竹里创新社区发展促进会，分别负责林盘的治理和产业发展。

竹艺新村管委会下设环境与物业管理小组、智囊小组、矛盾疏导小组和文娱生活小组，大力激发群众在乡村振兴和林盘治理中的主动性和积极性；由专业公司、合作社、人才联盟、商家联盟等组成的竹里创新社区发展促进会，则承担新理念规划、新生态修复、新业态带动、新文化营造的组织、协调、引导、服务职能。

竹艺新村党支部将原住民、新村民、驻村单位等各类群体和组织中的党员聚在了一起,同时指导新村管委会和竹里创新社区发展促进会。与传统农村党支部相比,新村党支部更加强调区域联动和集中统一领导,更加突出政策宣传、方向引领、群众动员、桥梁纽带等功能,在林盘建设和管理中起到了强大的政治引领、组织引领和宣传动员作用。

为了保证原住民充分参与村子治理和发展的权利,在新村党支部牵头下,形成了自治组织、社会组织协调,新老村民代表参与的联席协商共治机制,制定了群众提、组织审、大家评、民主定的4步议事决策机制,实现民事民定民治。新老邻里和睦互助、乡邻融洽相处、乡风文明的竹艺村,平添了更多的闲适与安逸。

为帮助原住民发展,竹艺村尤其注重培育壮大竹艺村土地股份合作社、竹编文创合作社、旅游合作社3个集体经济组织。同时,动员引领村民参与村内观光导游、竹编历史讲解、游客竹编体验、即时志愿行动等服务项目,共享乡村振兴的成果。

以人民为中心是治理的出发点和落脚点。竹艺村的经验诠释了居民不仅是社区的服务对象和评价者、监督者,更是社区发展治理的参与者和建设者这一理念。

【延伸思考】

生态宜居，让乡村生活更令人向往[①]

中国要美，农村必须美。长期以来，农业农村生态环境问题是乡村发展的"短板"，与农民群众对美好生活的向往不相适应。切实改善农村的生产生活条件，建设人与自然和谐共生的美丽宜居乡村是实施乡村振兴战略的重要目标和任务。

一、构建现代循环农业体系

近年来，小规模的种养结合逐步分离，种养业专业化、规模化生产快速发展，但种养衔接不够紧密，畜禽粪便、作物秸秆还田率下降，化肥、农药过度施用，农业面源污染形势严峻。因此，需要重建种养循环的生产体系，实现物质和能量在种植业和养殖业之间的循环利用，减少农业生产废弃物，提高整个系统的资源利用效率。

中国自古就有利用水田、池塘等湿地发展种养结合的传统，比如稻田养鱼是在农田尺度上实现了植物、动物、微生物和环境之间物质和能量循环，具有"一地双业、一水双用、一田双收"的效果。与常规水稻种植相比，在稻鱼、稻鳅模式下，亩均纯收益提高500～1 800元。在稻虾和稻蟹模式下，亩均纯收益可提高2 000元以上。稻田综合种养的生态效益显著，对南方10个省份的稻田养鱼调查显示，亩均化肥使用量减少15%左右，农药使用量减少约40%，同时通过田埂加高、加固，开挖鱼沟，每亩稻田可多蓄水200余立方米，起到抗旱保水、调节气候的作用。浙江青田稻鱼共生系统是中国第一个全球重要农业文化遗产，青田县龙现村有"中国田鱼村"之称，当地百姓种稻、养鱼、开渔家乐、卖田鱼干，带动了百姓增收致富。

通过农业生态工程设计和生态农业技术运用，将种植业和养殖业的链条进行耦合，可以实现物质循环利用。位于成都市新都区的胜可家庭农场构建了种养循环体系，农场主老张从养猪开始，逐步在农场周边流转土地，搞花椒、苗木、蔬菜等种植，猪场产生的粪尿经过发酵后全部还田。但有

[①] 原文发表在《经济》2018年第23期。

时也会出现沼液用不完或不够用的情况。2017年，老张购置了1辆抽粪车，开始为周边的养殖场提供抽粪服务，并将这些沼液提供给种植户，经过1个月的试运营，基本能够实现保本经营。老张还准备成立一家畜禽粪污处理的合作社，彻底解决周边养殖场粪污消纳问题。

畜禽养殖大县的粪污处理问题常常是地方干部群众的"心头病"。浙江省龙游县通过建设区域性粪污处理中心，实现了种植和养殖的县域大循环。龙游县是全国生猪养殖大县，全县生猪年粪污排泄量就有10多万吨，年产生化学需氧量（COD）近4万吨、污水290多万吨。从2011年开始，龙游县以开启能源公司为纽带，对全县规模养猪场的猪粪进行统一收集，并作为原料进行沼气发电和有机肥生产，全县2/3的猪粪实现由开启能源公司统一收集处理，在果蔬、茶叶、毛竹、苗木、水稻等种植业区域建沼液综合利用示范基地，由沼液专业服务公司统一进行沼液运送和施肥服务，实现"猪粪收集—沼气发电—有机肥生产—种植业利用"的县域大循环。

二、推进垃圾污水治理和厕所革命

农村环境基础设施建设滞后，"垃圾靠风刮，污水靠蒸发"是传统农村的现实写照，很多人的乡愁记忆恐怕是农村旱厕，"臭气熏天，苍蝇蚊子满天飞"。切实改善农村人居环境，要加快推进环境公共服务向农村延伸，让农民享受到干净整洁的生活环境。

曾经，无处安放的农村垃圾大部分得不到有效处理而随意丢弃，沟边、河边、山坡往往成为垃圾的"天堂"。杭州市临安区在农村生活垃圾分类处置上探索出一条有效路径，形成了一套较为完善的"户集、村收、镇运、区处理，分类投放、分类收集、分类运输、分类处置"农村生活垃圾分类处置模式。先是农户进行垃圾分类，每家每户都有2个垃圾桶，分别放可堆肥和不可堆肥垃圾。在分类的基础上引入了专业化保洁公司承揽村庄卫生保洁和垃圾分类处理，垃圾处理的物业费采取众筹的形式，农户、农家乐、饭店、村域企业收取不同的物业费。对农药废弃包装物等有毒垃圾建立市场化收处机制，以农药经营店为回收主体，以农资公司为归集运输单位，由专业化公司对废弃农药包装进行专业化处理。

小厕所，大民生。农村旱厕不仅引发各种传染疾病，而且影响乡村旅游的发展。四川省彭州市全面启动农村旱厕提升改造行动，统筹考虑农村分布、住房密度、地理地质特征，选择三格化粪池式、完整下水道水冲式、生态微污式，采取"政府补助+农户自筹"等方式对农户旱厕进行改造提升。2018年，成都市在全市范围内开展农村户用厕所改造提升，市级财政按照每户600元标准支持户厕改造，力争到2020年全面消灭旱厕。

农村生活污水处理率低，未经处理的生活污水随意排放，这不仅导致水体污染，也影响农村居民的身体健康。三岔湖位于原成都高新东区，为加强三岔湖水体保护，原成都高新区对三岔湖周边涉及农家乐经营的主体开展内部排污专项整治，对排污不达标的农家乐进行限期整改，并督促企业安装污水处理设施，确保达标排放。

三、推动农村景区化、景观化建设

山清水秀、推窗见园、瓜果飘香是我们对乡村美好生活的向往。绿水青山就是金山银山，乡村优美的环境吸引着城市居民来尝农家饭、住农家院、干农家活。2017年全国休闲农业和乡村旅游收入近5 500亿元。实现生态宜居，要加强对乡村环境的规划、优化和美化，通过田园变公园、农房变客房、劳作变体验，不断推动乡村美丽经济发展。

杭州市临安区通过开展村落景区创建，培育美丽经济产业，助推薄弱村通过经营村落景区实现增收致富。初步形成了个性化规划设计、社会化投资、企业化运营管理的机制，通过自主经营、委托经营、合作经营等方式，把村落景区转化为经济优势，培育美丽经济产业。临安区太湖源镇白沙村成立太湖源头村落景区管理有限公司，已获得经营性年净收益59万元；清凉峰镇杨溪村利用本村的忠孝文化村落景区，与第三方运营公司合作，每年获得经营收入6万元。

乡村就要有乡村范儿，新村建设要少拆多改，慎砍树、禁挖山、不填湖，规划设计要体现村落形态，保持乡土风情。位于成都市蒲江县的明月村，依托茶山、竹海、松林等良好的生态本底和4口古窑历史文化资源，通过"七改"（改水、改厕、改厨、改院、改线、改圈、改习惯），"七化"（硬化、绿化、美化、亮化、净化、文化、保洁员专职化），切实改善人居环境，吸引陶艺、篆刻、草木染等文创项目及艺术家、文化创客，形成以陶艺手工艺为主的文创项目聚落和文化创客集群，走出一条"生态+文创+旅游"的乡村振兴之路。2017年，全村接待游客18万人次，文创及乡村旅游总收入超9 000万元，村民人均可支配收入达20 327元。

重建种养结合的农业生产体系

中国传统农业蕴含朴素的生态保护和物质循环利用的思想,具有"天地合一、因地制宜、用养结合、良性循环、持续利用"的发展模式,成就了中华农业的长盛不衰。100多年前的美国学者富兰克林·金将中国农业的长期繁荣归结为"中国农民的勤劳、智慧和对土地的节约精神,尤其是将人畜粪便以及其他废弃物还田方面"。

随着中国工业化、城市化和市场经济的发展,小规模的种养结合逐步分离,种养业专业化、规模化生产快速发展但种养衔接不够紧密,畜禽粪便、作物秸秆这些本应该是宝贵的资源,由于种养循环的链条断裂,反而造成环境污染。重建种养结合的生产体系对解决农业面源污染、改善农村人居环境、实现生态宜居具有重要意义。当前,传统农业的技术积累和现代生态农业的推广应用为发展种养结合提供了良好的基础条件,国家对农业绿色发展越来越重视,不断推出相关政策措施,这些都为种养结合农业生产体系的建设提供了良好的条件和机遇。

种养结合是种植业和养殖业紧密衔接的生态农业模式,是将畜禽养殖产生的粪污作为种植业的肥源,种植业为养殖业提供饲料,并消纳养殖业废弃物,使物质和能量在动物和植物之间进行转换的循环式农业。从种养结合的时空关系上,可以将种养结合的模式分为两大类,即农田尺度的立体种养模式和不同规模主体的种养循环模式。

农田尺度的立体种养模式是指在一定的土地或水域空间内,充分利用植物、动物和微生物之间互利共生的关系,将不同的生物种群组合起来,多物种共存、多层次配置、多级物质能量循环的集约型经营模式。稻田养鱼、桑基鱼塘、林下养殖等都属于这种模式。在这种模式下,种植和养殖在时间和空间上基本一致,人为干预较少,主要依靠种养系统内生物之间物质能量自循环过程。

不同规模主体的种养循环模式通常是种植业和养殖业实现专业化分工,在时间和空间上进行分离,运用农业生态工程和农业生态技术,将种植业和养殖业进行耦合设计,从而实现物质和能量在种植业和养殖业之间的循

---

① 原文发表在《中国城乡金融报》2018年8月22日B3版。

环利用,提高整个系统的资源利用效率。按照不同规模主体,可以分为农户、家庭农场、企业、村域、镇域、产业园区和县域等。在农户尺度,典型的有北方"四位一体"模式、南方的"猪沼果"、北方的"五配套"。在园区尺度,典型的有浙江省杭州市萧山区江东生态循环农业示范园。在县域尺度,生猪养殖大县开启县的种养循环模式值得借鉴。

重构种养结合的生产体系,要按照"以种带养、以养促种"的种养结合循环发展理念,以就地消纳、能量循环、综合利用为主线,采取政府支持、企业运营、社会参与、整县推进的运作方式,构建集约化、标准化、组织化、社会化相结合的种养加协调发展模式,探索典型县域种养业废弃物循环利用的综合性整体解决方案,形成县乡村企联动、建管运行结合的长效机制,推动农业发展方式转变,促进农业可持续发展。

一要加强种养结合的规划布局,根据土地承载力和种养业废弃物消纳半径,以县域为单元进行种养平衡分析,合理确定种植规模和养殖规模。鼓励种养大户、家庭农场、农民专业合作社、农业龙头企业等主体,通过种养配套生产、农业废弃物循环利用等途径,实现主体小循环。以村、镇、产业园区为单位,通过农牧对接、沼液利用、畜禽粪便收集处理中心等节点建设,构建种养平衡、产业融合、物质循环格局,实现区域中循环。重点在产粮大县、畜牧大县,以县域为单位,统筹布局农业产业和沼气工程、沼液配送、有机肥加工、农业废弃物收集处理等配套服务设施,整体构建生态循环农业产业体系,实现县域大循环。

二要支持小农户发展立体种养循环农业。将稻田综合种养、桑基鱼塘、鱼菜共生等立体种养模式纳入绿色补贴试点对象,从土地流转、农田水利、田间工程、种养品种、农技推广等环节制定扶持措施,与产业扶贫和农村一二三产业融合相结合,扩大和整合扶持资金来源,对发展立体种养的农户给予小额信贷和农业保险支持。充分利用"互联网+",搭建立体种养App,通过公众号、手机信息等多渠道向种养户推送相关技术和市场信息,让农户"一看就懂、一学就会",打通技术推广的"最后一公里"。扶持立体种养的社会化服务组织,在新品种引进、饲料管理、病害防治、产品销售、市场渠道拓展等方面,解决农户的后顾之忧。

三要强化对种养结合的资金扶持力度。支持养殖场"三改两分",即改水清粪或人工干清粪为漏粪地板下刮粪板清粪、改无限用水为控制用水、改明沟排污为暗道排污,固液分离,雨污分离,在田间设施建设和设备购置等方面给予一定补贴。支持规模化养殖场配套建设粪污处理设施,在种养密度较高的种植大县、养殖大县建设农业废弃物集中处理中心,开展秸秆综合利用、有机肥制造、沼液配送等,在配套用地、设施建设、运营管理等方面给予相应扶持。研究出台支持有机肥生产施用的用地、用电、信贷、税收等优惠政策。

四要完善促进种养循环的运行机制。建立市场化机制，采取政府购买、定向委托、奖励补助、招标投标等方式，引导合作社、家庭农场和企业参与农业废弃物资源化利用服务业务，培育沼液、秸秆收集、转运的专业化社会化服务组织。协调发改、电力、农业等相关部门，切实解决沼气、秸秆发电并网问题，对上网电价实施支持政策。在完善特许经营、政府购买等基础上，通过PPP模式吸引社会资本参与建设和运营农业废弃物资源化利用中心，优先考虑"先建后补"的方式。

五要加强标准制定和技术集成示范推广。根据土壤性状、种植结构等，加快研究土壤对粪污的消纳能力，制定和细化不同地区、不同作物的沼液、沼渣、商品有机肥等施用规范和指导标准，指导农业经营主体进行种植和养殖的合理配比。系统梳理和总结适合不同地区的秸秆还田、秸秆堆沤、秸秆加工商品化基质，以及沼渣沼液还田、有机肥深加工等技术模式，针对有机肥生产、施用，秸秆综合利用的一些难点问题，组织教学、科研、推广部门的专家开展联合攻关，以农业废弃物综合利用中心为依托，加强技术集成，重点支持种植大户、家庭农场、专业合作社、龙头企业等新型农业经营主体带头开展种养结合，打造一批有亮点、有特色的示范基地，探索形成不同地区、不同体量、不同品种的种养结合循环农业模式。

聚焦四大目标推进生态振兴[①]

生态振兴是推动乡村"五大振兴"的应有之义，是推进生态文明建设的重要内容。乡村生态振兴要聚焦四大目标：一是农村生态系统健康目标。提高农村生态系统的生产力、恢复力和活力，维持生物多样性，重点面向农业生态脆弱区和重要生态功能区，以整体、系统保护为原则，降低人为扰动和利用强度。二是农业资源高效利用目标。有效保护和合理开发水、土、草原、森林等重要农业资源，提高资源质量。推广环境友好型种养品种和模式，采用节水、节地、节能技术和农业废弃物资源化利用模式，提高资源利用率和产出率。三是农业环境污染治理目标。以农村土壤污染、水污染控制为重点，持续推进农业化学投入品减量和替代，加强重金属污染区的种植结构调整和土壤修复，提高农业生产清洁化程度和农业环境的自我修复能力。四是农民居住环境改善目标。以"厕所革命"、农村垃圾和污水治理以及村容村貌提升为主攻方向，严格防控工业、城镇污染向农村转移。以农村景观化、景区化建设为抓手，补齐农村基础设施短板，强化乡村旅游的污染问题防治，提高乡村的宜居度。为了实现这四大目标，需要从以下几个方面持续发力。

一、践行生态理念

一要传承生态文化。弘扬传统农业中精耕细作、用养结合、循环利用的生态理念，将乡村生态保护纳入村规民约加以固化，发挥非正式制度对生态环境破坏行为的约束。二要加强生态宣传教育。做好农村基层环保法律法规和生态知识宣传教育工作，让广大农民群众认识农村生态，了解保护生态的紧迫性和重要性，增强生态保护意识，特别是引导新型农业经营主体树立生态保护理念，发挥示范引领作用。

二、重视生态规划

健全村庄规划，提高法定效力，落实乡村规划师制度。在乡村规划中体现生态导向，系统梳理乡村生态资源，分析资源的生态敏感性，划定乡

[①] 原文发表在《农民日报》2021年1月13日第3版。

村的生态保护红线，构建村域整体生态格局。乡村规划要避免城市思维，保留乡村风貌，村落选址、建设过程中强调自然生态原则，注重乡土元素植入。坚持原真性保护、整体性保护和发展中保护的原则，保护好农耕文化遗产。坚持少拆多改、慎砍树、禁挖山、不填湖，尊重乡村肌理，形成山水林田湖草沙和谐统一。

三、完善生态制度

一要完善生态法规。研究推进耕地质量保护、农村人居环境整治、生态环境监测等立法工作，各地结合实际，研究制定关于土壤污染防治、废弃农膜回收利用、农村生活垃圾分类处理、农村污水处理设施管理等地方性法规。二要健全市场机制。以流域上下游生态补偿、碳交易、清洁生产机制、污染者付费等形式，探索乡村生态系统服务付费制度。培育农村生态环境治理的市场主体，放开市场准入，以整县或区域为单位，推广PPP模式开展农村污水垃圾收集处置，强化以效付费。探索水基金、土基金等模式，通过土地托管，引入信托基金，实现生态保护、污染控制和农民增收的多重目标。

四、强化生态建设

一要加强生态投入。整合相关资金与项目，建立以国家财政为主体的农业生态补偿基金，向重要农业生态功能区、脆弱区和农业面源与农田重金属污染区倾斜，支持地方政府依法依规发行地方债券筹集资金，用于农村人居环境整治和基础设施建设，提高居民生活的便利化水平。二要开展生态创建。加强生态保护和修复，对那些污染严重、生态脆弱、资源环境压力大的耕地、草原、水体等，该改种的改种，该治理的治理，该退耕的退耕。加强国家现代农业示范区、国家农业可持续发展试验示范区、粮食生产功能区和重要农产品生产保护区对绿色发展的引领作用。

五、发展生态科技

一是要提升传统生态农业技术。系统总结和深入挖掘那些资源节约型、生态保育型和环境友好型的传统技术，与现代农艺相结合，融入机械化、自动化、信息化、智能化手段，提高人们使用技术的轻简性。运用生态工程和生态技术，大力发展现代生态农业，形成不同主体、不同范围的种养结合、循环农业体系。二是要加强短缺技术研发。在农业面源污染治理、农村污水垃圾处理等领域加强先进适用技术研发，搭建技术信息平台，促进产学研合作。三是加快制定技术标准和规范。构建适合不同区域的生态农业技术标准体系，健全土壤污染防治相关标准和技术规范，加快修订畜禽养殖业污染物排放标准等。

六、育强生态产业

一要加强生态农产品开发。以农业供给侧结构性改革为主线，促进农业发展由主要满足"量"的需求向更加注重满足"质"的需求转变，产品结构调整突出一个"优"字，放眼整个产业供给链推进标准化生产、模式化管理与品牌化营销，在特色农产品、优质安全农产品、功能性食品上发力。二要促进产业融合。加强生态价值转化，依托乡村田园风光、良好生态、优美环境发展美丽经济。当前，休闲农业和乡村旅游呈现新旧转换、提档升级的趋势，也是工商资本下乡的主攻领域，要健全利益联结机制，让资本带动老乡，不能"剥夺老乡"，更不能"代替老乡"，通过土地、农房、农村基础设施入股等形式，引导农民深度参与。

第四部分
乡风文明

乡村振兴，既要塑形，也要铸魂。实施乡村振兴战略要物质文明和精神文明一起抓，不能光看农民口袋里钞票有多少，也要看农民精神风貌怎么样，既要富口袋，也要富脑袋。农村精神文明建设是滋润人心、德化人心、凝聚人心的工作，要绵绵用力，下足功夫。要加强农村思想道德建设和公共文化建设，以社会主义核心价值观为引领，深入挖掘优秀传统农耕文化的思想观念、人文精神、道德规范，培育挖掘乡土文化人才，弘扬主旋律和社会正气，培育文明乡风、良好家风、淳朴民风，改善农民精神风貌，提高社会文明程度，焕发乡村文明新气象。

本部分包括2个案例。一是明月村挖掘乡土文化资源发展文创产业。近年来，随着城镇化的深入推进，不少乡村优秀文化资源面临传承危机，亟须加强保护。明月村坚持在保护的前提下，推进挖掘利用，发展文化产业，对于丰富乡村文化内涵、增强农民文化自信、推动文化传承与创新具有重要的实践意义。二是宜宾竹文化保护与传承。宜宾竹资源丰富，蜀南竹海蔚为壮观，宜宾竹文化系统已被列入中国重要农业文化遗产名录。重要农业文化遗产是农村与其所处环境长期协同进化和动态适应下所形成的独特的土地利用系统和农业景观，这种系统与景观具有丰富的生物多样性，而且可以满足当地社会经济与文化发展的需要，有利于促进区域可持续发展。近年来，中国积极推动重要农业文化遗产发掘保护，不少遗产地通过科学保护和创新利用，发展乡村产业，增加农民收入，传承乡土文化，为推动乡村全面振兴探索农遗路径。

【实践调研】

明月村发展文创产业助力乡村振兴[①]

明月村位于成都市蒲江县甘溪镇,辖区面积6.78平方千米,总人口2 266人。依托茶山、竹海、松林等良好的生态本底和4口古窑历史文化资源,明月村以安居、乐业、家园为目标,按照新老村民共创共享幸福美丽新乡村的定位,以优良生态吸引陶艺、篆刻、草木染等文创项目及艺术家、文化创客,形成以陶艺手工艺为主的文创项目聚落和文化创客集群,走出了一条"生态+文创+旅游"乡村振兴之路。明月村先后获评全国文明村、中国乡村旅游创客示范基地、国家级西部乡村旅游人才实训基地等。

一、挖掘文化资源,建设文化品牌

坚持文化铸魂,推动乡村特色化、差异化发展。一是深挖邛窑历史文化特质。将明月窑陶艺列入非物质文化遗产保护名录,在保护传承好明月窑陶艺的基础上,引进技艺和器形各有特点的蜀山窑、清泉烧、火痕柴窑等陶艺品牌。举办明月村邛窑馆藏陶瓷展和明月国际陶艺展,展陈邛窑陶瓷和韩国、日本、德国等陶瓷制品,与国内外陶艺家开展陶艺文化交流,提升陶文化内涵品质。二是实施文艺进乡村行动。常态化开展摄影分享会、民谣音乐会、皮影戏、端午古琴诗会、竖琴田园音乐会等文化活动,打造了《明月甘溪》《茶山情》《看了你一眼》等原创歌舞作品,首部新老村民共同创作的诗集《明月集》出版发行。新村民常态化开放工作室,明月讲堂定期开展特色培训讲座,通过艺术家的眼睛发现了文化遗产的价值,开阔了村民的发展思路,激发村民的文化自信,提升审美意识。三是健全文化阵地,培育特色队伍。创新设置明月书馆、明月画室、陶艺博物馆、书画展览室等公共文化空间。实施"音乐种子计划",组建明月村放牛班合唱团,孵化培育明月之花歌舞队、明月古琴社、明月诗社、民谣乐队等特色队伍。四是打造明月村文化品牌活动。成功举办中韩茶山竹海明月跑、中韩陶艺文化交流会,连续举办7届春笋艺术节(2012—2018年)、2届"月

---

① 2018年9月,笔者参加成都市组织举办的乡村振兴现场考察,到明月村调研。

是故乡明"中秋诗歌音乐会（2016—2017年）等品牌文化活动。文化艺术的熏陶让村庄焕发新活力，使村民对"明月村"品牌有了更多的认同感、获得感、幸福感。

二、强化产业融合，拓展产业链条

坚持农商文旅融合发展，强力推进农业与文创、旅游、商贸等跨界融合。一是打造"茶山竹海"特色农业，建成有机茶叶基地2 000余亩，建成雷竹园区7 000余亩。"茶山竹海"既是明月村的特色景观，又是村民的收入来源，也构成了良好的生态本底。二是大力引进和发展文创产业，通过建设用地招拍挂和租赁闲置农房院落等方式引进文创项目，已引入蜀山窑、草木染工坊、明月轩篆刻艺术博物馆、火痕柴窑、呆住堂艺术酒店、有朵云艺术咖啡、搞事情小酒馆等文创项目45个，多元化的文创产业集群塑造了明月村文艺乡村新形态，也给明月村带来了人气和商机。三是大力发展旅游业，依托"茶山竹海明月窑"等特色资源，由村委会牵头村民入股，成立明月村乡村旅游合作社，推出茶园采摘、竹林挖笋、自然教育、制陶和草木染体验、美食品鉴等项目，引导村民发展谌家院子、饮食唐园、门前椿宿等创业项目23个，建设家庭旅舍50余间，打造出集家庭农场、林盘民宿、农事体验、研学课堂于一体的旅游新业态。开发明月茶、明月果、明月笋、明月染、明月陶等系列旅游商品，实行线上线下同步销售，产品附加值显著提升。加大基础设施建设，建成2 300余平方米文化广场、旅游接待中心、8.8千米旅游环线、8千米绿道、7个生态停车场、6个旅游厕所。2017年，全村共接待游客18万人次，文创及乡村旅游总收入超9 000万元；村民人均可支配收入20 327元，增长15%。

三、引育文创人才，厚植发展能力

随着新村面貌的提档升级、文创产业的聚集和招才引智政策配套，明月村对文创人才的吸引力不断提升。一是颁布《蒲江县关于进一步加强人才激励若干措施的意见》《蒲江县促进文化创意和旅游产业发展若干意见》《蒲江县文化体育人才激励措施实施细则》等政策，为外引和内培人才提供了强力支撑。二是引进培育新村民100余人入村创作、创业和生活，包括国家工美行业艺术大师李清，服装设计师、主持人宁远，水立方中方总设计师赵晓钧，美国注册建筑设计师施国平等，新村民带来资金、理念、品牌、资源、新的生活方式，带动了明月村产业、文化的快速发展。三是组织新老村民参加摩洛哥"感知中国"文化体验活动、韩国首尔文创展、北京798跨年文创展、成都创意设计周、农业博览会、苏州创意周等品牌文化展会活动 30 余场。四是搭建明月书馆、明月讲堂、明月夜校等培训载体。邀请新村民及全国具有影响力的乡村建设研究者与实践者来明月村进行产业、技术、文化方面的培训，先后开展各类培训 240 余期，年培训约 1.5 万人次，吸引众多大学生、村民返乡创业，乡村人才素质和能力不断提升。

宜宾竹文化保护与传承[①]

中国是一个"竹的国度",食竹、用竹、赏竹、咏竹等都有着非常悠久的历史。北宋文豪苏轼曾言:"可使食无肉,不可居无竹",其诗词中包含竹符号形式、竹审美价值的有250多首。随着研究的深入,"竹文化"概念的内涵不断延展和深入,如今"竹文化"概念几乎涵盖了与竹有关的生活、生产、军事、科技、文学、艺术、宗教等各领域的事物。竹因其地域分布广,国内南方和北方均可栽植,但区域竹品种存在差异,各区域所拥有竹资源的丰裕程度、对竹的开发利用及历史底蕴也有着区域特征。由此,竹既在整个国家层面形成了较为广泛和影响深远的华夏竹文化,又在地域层面形成了极具区域色彩的竹文化,例如浙江省安吉县的竹文化、四川省宜宾市的竹文化等。

四川省是中国竹资源大省之一,而宜宾市则是四川省的重要竹产区,不管是竹资源、竹产业还是竹艺术,宜宾市都在四川省占据着重要地位。随着社会经济的发展,部分竹文化已悄然退出历史舞台,例如竹筒采气、采盐、竹浆古法造纸等传统手工艺几近失传。2018年中央一号文件要求"切实保护好优秀农耕文化遗产,推动优秀农耕文化遗产合理适度利用"。在实施乡村振兴战略的大背景下,系统总结宜宾竹文化系统的特征,探索其活态传承途径,对发掘农业文化遗产价值、促进乡村全面振兴,具有非常重要的现实意义。

一、宜宾竹文化系统的特征

宜宾竹文化系统的特征可从竹资源、竹产业、竹用途、竹景观、竹艺术等多方面分而论之,从而形成一个总体认识。

(一) 丰富的竹资源孕育了生物多样性

宜宾市是中国最大的丛生竹、散生竹和混生竹生长基地,也是世界上最大的竹种基因库。从竹种资源数量看,当地有原生竹种达15属58种,2001年以后陆续从世界各地引进35属370个竹种,共有竹种35属428种,占中国已知竹种的96%,占世界已知竹种的39%。从竹林面积看,宜宾市

---

① 原文发表在《自然与文化遗产研究》2019年第4期,作者何安华、张灿强等。

竹林面积312.4万亩，其中长宁县和江安县是宜宾市竹资源较多的县，截至2017年年底，两县竹林面积合计115.84万亩，竹林面积占宜宾市竹林总面积的37.08%、占两县总面积的40.39%。丰富的竹资源与宜宾市复杂的地形、多样的地貌、陡峭的山势催生出生物多样性密不可分。据不完全统计，宜宾市的竹林内有林木147科368属1345种，蕨类植物42科59属156种，药用植物至少有147科416属647种；动物资源方面仅蜀南竹海景区内就已发现脊椎动物369种、水生动物200多种、昆虫8800多种、陆生无脊椎动物200多种。

（二）发达的竹产业支撑着乡村产业兴旺

竹文化直接推动了竹产业的发展，包括竹林资源的引种选育、竹加工业、竹生态旅游业等。宜宾市通过持续建设良种竹苗基地、现代竹林基地、丰产培育竹林基地、笋用竹林示范基地、竹林下经济示范基地、竹林混交珍稀树种示范基地等，为保障竹加工产业发展所需原材料和竹生态旅游发展所需竹资源奠定了基础。竹林生态系统内形成了"竹—粮""竹—菜""竹—茶"等间作模式及"竹—渔"复合经营模式，竹林下更有"竹—菌""竹—药""竹—苗木"种植方式和"竹—家禽""竹—家畜"养殖模式。在竹加工利用方面，当地有规划、有步骤地推动加工项目落地实施，覆盖竹笋食品、竹炭、竹木型材、竹工艺品、竹家具、竹浆粕、竹纤维、竹缠绕管道、竹建材等多个加工领域，初步形成了特色鲜明的竹加工产业体系。在竹生态旅游方面，蜀南竹海、仁和百竹海等地已成为旅游的重要驻足地。宜宾市统计局资料显示，2017年宜宾市竹产业总产值达71.2亿元，其中一产产值21.3亿元、二产产值28.7亿元、三产产值21.2亿元，总产值占宜宾市林业总产值的31.7%、占全国竹产业总产值的3.1%。初步统计，农民人均竹产业收入608元。竹产业为当地农民提供了重要生计保障，也为乡村振兴奠定了产业基础。

（三）多样的竹用途彰显着先人利用竹子的智慧

远在旧石器时代晚期，蜀人就开始使用竹制生产农具，有的沿用到20世纪90年代，如打猎用的竹笼、竹夹；捕鱼用的竹帘、鱼笼；整地用的山耙、水耙；灌溉用的抽水筒、水车；粮食加工用的碾子等。

竹家具、竹制生活用品很早就被人们所使用。战国时李冰用竹笼治水；西汉时蜀人用竹筒采气；唐朝蜀人用楠竹引盐水到灶旁备用，以滑竿代步翻山越岭；宋朝蜀人以竹代麻造纸，编织箩筐、提篮、蒸笼、背篓、竹扇等，逐渐推动竹资源利用向实用性与艺术性相结合方向发展。在石器时代，竹矛、竹弓、竹箭是人们狩猎与征战较早使用的主要武器，即使进入青铜器时代，竹制武器仍扮演着弥补铜、铁兵器不足的角色。明朝中后期，江安县竹簧工艺盛极一时，竹工神像的出土更是证明了人们对竹子的尊崇升格为精神信仰。

除了竹用具之外，竹笋、竹荪、竹醋、竹筒酒等竹食品早已与蜀人的饮食生活密不可分，蜀南竹海景区的"全竹宴"让人慕名而至。虽然很多竹制用具早已被新的科技产品所替代，但竹家具、竹编制品、竹建材、竹雕刻工艺品等仍在人们的日常生活中扮演着重要角色，新型的竹纤维产品、竹科技产品更是适应现代潮流的产物。

（四）独特的竹景观展示着西南地区秀美竹海风情

宜宾市以复杂的地形和多样的地貌为基础，遍布着翠竹茂林，点缀着庙宇民居、农田河溪，由此形成了独具西南特色的丰富多彩的竹林景观。其一，散生竹或丛生竹在深丘区大面积连片形成浩瀚竹海。例如面积达120平方千米的蜀南竹海景区，其内楠竹覆盖大小500多个山丘、28个岭峦，宛若绿色海洋，连片的竹海因其"秀、幽、雄、奇"而成为极具中国特色的山水画卷。其二，丛生竹小面积连片，夹杂少量散生竹，在浅丘顶部形成竹林斑块。最为典型的当属宜宾市的"百龟拜寿"竹林斑块，每逢雨过天晴，云雾环绕，低山缓丘上覆盖竹林，湖田路网穿插其间，宛如千百灵龟朝贺。其三，江河两岸或道路两旁带状种植竹子所形成的竹林廊道。例如道路和竹子组成的翡翠长廊，路两旁的竹子遮盖道路，绿荫成廊。其四，山势地形与竹林相互交织形成的"竹林丹霞景观""石林—竹林"复合景观等，这是大自然的鬼斧神工。其五，与竹林、竹子相关的历史人文建筑和地方特色民居。例如苦竹寺、夕佳山古民居、嘉鱼清泉遗迹（即葡萄井）等。

（五）绵长的竹艺术承载着竹元素的历史意蕴

竹子因其风雅、清正的特点而备受文人墨客的青睐。宜宾市有着厚重的竹类人文历史，当地留下很多与竹相关的诗词歌赋，例如，宋代"三苏"（苏洵、苏轼、苏辙）、黄庭坚，明代周洪谟，清代宗让、沈华，当代曹禺、魏传统、马识途等均曾畅游蜀南竹海，写下了《游万岭箐》《苦笋赋》《葛氏竹林留别》《万松岭》《蜀南竹海》《竹海仙寓》等诗篇或文艺作品。当代以宜宾市竹景观为拍摄背景的影视、舞台作品广为人知，如《卧虎藏龙》《大酒商》《风云》《勇士》等。

竹工艺品方面，发迹于明代中期的江安县竹簧工艺自成一派，曾于1915年巴拿马万国博览会上荣获金奖，至今仍是竹工艺领域的重要传承。神话传说方面，宜宾市民间流传的《竹公菩萨出世》《诸葛亮与雌雄井》《周洪谟出世》《竹海古钟的传说》等传说与故事，是人们借竹子表达期望或传达精神追求。

过去有着与竹相关的传统民俗,例如,除夕祭竹、摇竹娘,元宵节挂竹灯笼、猜竹灯谜等;而当下与竹相关的节庆活动也在不断创新,例如宜宾市人民政府每年举办的"蜀南竹海春笋节""蜀南竹海美食节""蜀南竹海佛来出梨花节""长宁县民俗文化旅游节"等节庆活动。可以说,宜宾竹艺术的历史厚重,竹艺术的形式和内涵在延续中有所创新。

二、宜宾竹文化系统面临的挑战

宜宾市竹资源丰富,竹文化历史悠久,但潜力尚未得到充分的挖掘和释放,在竹文化系统的保护和开发过程中仍面临着一些比较突出的问题。

(一)竹区基础设施薄弱加大了培育和保护竹林的难度

竹子是多年生植物,适当采伐和有计划地人工造林营林是有利于竹林健康发展的。但竹林区的道路、水利、电力等基础设施建设相对滞后。江安县和长宁县的竹资源主要分布在丘陵低山区,大部分竹区的道路缺少规划,缺少专用的竹区道路,林间生产便道(集材道)弯弯曲曲,水泥、沥青硬化路面少,路网密度小,导致林间道路通达能力较弱。竹区内的水库、山塘、沟渠建设跟竹林种植用水需求不配套,一旦旱情严重或出现火情,竹林的灾害自救能力不强。竹区电力设施建设滞后,部分电力线路和电力设施不足,变电站容量小,电力条件不能完全满足现代林业发展需要。薄弱的基础设施加大了农民采伐、运输竹子的难度,增加了采伐成本,导致农民不愿采伐、不及时采伐、不想复壮竹子。长此下去,竹林"人种天养"将导致竹子无序生长、竹林粗放管理、竹资源低效利用。

(二)推广现代经营方式为保护竹林生态环境带来隐忧

现代农业经营让农户在竹林种植中采用了更多的农业机械、农药、化肥等现代生产要素,用以提高土地产出,增加林下经营收入。但现代生产要素的引入带来了效益的提升,同时也对竹林生态系统带来一定冲击。通过施用大量化肥去补充土壤养分消耗,虽然能增加竹笋、竹材和菌类的产量,但也可能产生林地土壤养分失衡、酸化、重金属含量增加等负面效应。随着化肥、农药等化学品使用量的增加,竹林土壤微生物量可能呈现下降趋势,土壤微生物功能多样性也会下降,进而容易增加竹林的病虫危害风险,诱发竹林生态环境进一步恶化。

(三)旅游要素配套不完善制约了竹生态旅游产业升级

宜宾市有丰富的竹类旅游资源,并且景观独具特色,主要的竹生态旅游景区有蜀南竹海、仁和百竹海、夕佳山民居等。但在旅游发展中,仍面临不少困难问题。景点规划较为分散,景区外联公路等级低,导致景区的可进入性、可容纳性、可接待性不够强;景点文化挖掘不深,旅游项目单调；竹生态旅游产品设计单一、内涵不足，地方特色挖掘不够；宣传营销仍需加强。

（四）经营效益偏低导致竹文化系统人力资本储备不足

据调查，宜宾市的现代竹林基地比重还不够高，竹林经营以农户家庭分散经营为主，管理粗放，基本处于"人种天养"的状态，竹材平均亩产较低。当前的竹材采集方式原始，智能化、自动化的采伐机具研发滞后，严重依赖人工采伐，采伐成本高。近年来，竹原材料市场低迷，收购价格低。产量低、售价低、采伐成本高造成竹林综合效益偏低，农民经营管理竹林的积极性不高。当地种竹、砍竹的社会化服务组织较少，尚未构建出完善的农业社会化服务体系。营林、造林、护林、管林的劳动力老龄化趋势明显，青壮年劳动力不足。在竹工艺传承方面，产业带动能力不强，年轻人传承积极性不高，村庄会竹编工艺的人老龄化问题突出。

三、宜宾竹文化系统活态传承途径

宜宾竹文化系统包括自然资源、生物资源、人文景观、传统技术、传统知识、生产经营模式等多个元素，活态传承宜宾竹文化系统需要坚持保护与发展的有机结合，以保护助发展，以发展促保护。

（一）加大竹林生态系统保护

宜宾竹文化系统是以竹林生态系统为基础，与竹相关的诗词歌赋、传统技艺、建筑、习俗节庆等传承均以竹为载体。竹文化系统的活态传承，首先是竹林生态系统的保护。一是继续做好竹类资源普查与保育工作，建立古树名木保护体系，建设竹种质资源基地，有效保护小种群原生竹种，加强对珍稀竹类进行就地保护与迁地保护，根据竹种特性分竹种、分地形、分区域更新和引种，扩大竹园面积。二是强化竹林内珍稀、濒危物种的保护与监测，摸清竹林内珍稀、濒危动物和植物的分布状况、生长栖息地特点，建立珍稀、濒危物种持续观测数据库，为后续保护工作提供科学依据。三是加强现代竹林基地建设，按计划分步骤建设新造竹林、更新改造低产竹林、丰产培育竹林基地。四是加强竹林生态系统管理，加大竹林病虫害防治资金投入力度，鼓励农户采取疏伐、间伐的方式实现竹林健康良性循环更新。五是严格控制竹林区面源污染，引导从事林下种植和养殖的农户，采取绿色生态方式，努力降低化肥、农药等对竹林生态系统的破坏。

（二）深入挖掘竹元素文化遗产

加大竹文化的发掘、传承和利用，对一些不可再生的竹文化资源要加强抢救性保护，开展竹文化的创造性转化和创新性发展。一是开展竹文化的调查、挖掘、保护，对与竹相关的艺术作品、民间文艺、艺人、技艺、习俗、谚语、歌谣、诗词等进行补漏性调查，整理汇编成册，注重史料保存，同时出版竹文化系列丛书，提高竹文化的群众熟知度。二是举办竹文艺作品展览活动，让竹艺术走出殿堂，走入民间生活。依托与竹相关的传统节日，举办诗歌会、摄影展等活动。三是进一步挖掘和开发已有的人文历史竹林景观，适时营造适应消费者新型需求的现代竹林景观。四是深入挖掘与竹相关的神话传说等，支持和引导社会资本对其进行影视化创作。

（三）加快推进特色竹产业转型升级

推动宜宾竹产业不断向产业发展生态化、生态建设产业化方向发展，搭建出原料基地、经营加工、旅游休闲等产业构架，努力实现由维护生态安全向建设生态文明提升、由传统竹产业向现代竹产业转变、由竹林资源大区向现代竹产品大区跨越的三重目标。引导各类经营主体延伸竹生态产品加工及产业链，加强竹生态产品"三品一标"认证与创建品牌等。加大旅游产品、旅游景观、旅游设施、旅游服务的转型升级，着力打造具有西南地区特色的竹工艺品特色街、竹文化主题公园、竹主题景区（点）、竹生活康养基地等，大力建设乡村旅游驻足地。

（四）持续增强竹文化系统创新驱动力

竹文化系统活态传承需要强劲的创新驱动力，而创新驱动力离不开制度供给和人才支撑两大要素。一是制度供给应侧重竹产业的现代经营体系构建。培育新型竹林生产经营主体，引导农民合作社、家庭农场、农业企业等各类新型经营主体明晰分工和加强合作，引导他们完善竹采伐、运输等专业化社会服务体系，引导年轻农民或合作社适度规模流转竹林连片经营，支持各类经营主体传承传统竹菌种植技术、竹食品制作技巧、竹编和竹雕工艺，注重培育村级竹编合作组织等。促进竹类加工企业和农户之间的产业联结、要素联结和利益联结，推进农企利益联结机制由松散型向紧密型转变，构建农企紧密型利益联结共同体。以竹加工和竹生态旅游业为重点，发展"公司+农户""公司+基地+农户""公司+合作社+农户"等多种形态的经营模式，探索竹林流转、入股、竹产品订单交易等合作方式，让农户更多分享二三产业增值收益。二是加强人才支撑。培育竹加工企业的经营管理人才，推动竹工艺传承人的年轻化，加大乡村竹编工艺培训，发挥人才在促进农民增收致富中的积极作用。

【延伸思考】

传承和弘扬优秀农耕文化

习近平总书记指出,农耕文化是我国农业的宝贵财富,是中华文化的重要组成部分,不仅不能丢,而且要不断发扬光大。2018年,《中共中央国务院关于实施乡村振兴战略的意见》强调,深入挖掘农耕文化蕴含的优秀思想观念、人文精神、道德规范,充分发挥其在凝聚人心、教化群众、淳化民风中的重要作用。

农耕文化的哲学意蕴可以概括为"应时、取宜、守则、和谐",农耕文化既是无形的思想理念,也是有形的、在现实中有其承载的客体。总体看,农耕文化有物质性表达、非物质性表达和系统性表达,这些表达形式也可以称为农耕文化遗产。农耕文化的物质性表达,如农业遗址、物种、农业工程、农具、村落、古农书和文献等;非物质性表达有农业生产技术、知识和制度、传统手工艺、农业民俗以及与农耕有关的美术、音乐、舞蹈等艺术形式;系统性表达主要指传统农业生产系统,如正在开展认定的中国重要农业文化遗产。传承弘扬优秀农耕文化就要保护好优秀农耕文化遗产,留住乡愁记忆,还要挖掘遗产蕴含的优秀精神品质,做好创造性转化和创新性发展,与实施乡村振兴战略有机融合,发挥农耕文化的时代价值。

一、保护传承优秀农耕文化的重要意义

中华五千年文明史,成为世界上绵延至今从未中断的文明,一个重要原因就是中华民族有一脉相承的文化基因。农耕文化是源远流长农耕历史的文化集成,是中华文化的根基,它所培养和孕育出的优秀传统文化和核心价值理念在当今社会依然发挥着重要功效。

(一)传承中华优秀传统文化、培育社会主义核心价值观的应有之义

乡村文明是中华民族文明史的主体,村庄是这种文明的载体,耕读文明是我们的软实力,要保留乡村风貌,坚持传承文化。中国社会具有乡土性,只有在乡村才能发掘出植根于悠久农耕历史中的中华文明基因。农耕劳动具有自然性,农业生产首先是自然再生产的过程,它将土壤、水分、空气、阳光等自然资源作为生产要素,"夫稼,为之者人也,生之者地也,

养之者天也",古人很早就注重"顺天时、量地利,用力少而成功多",从而铸就了中华民族尊重规律、顺应自然、实事求是、因地制宜的朴素哲学观。农耕劳动具有艰苦性,"面朝黄土背朝天""锄禾日当午,汗滴禾下土",哈尼梯田的3 000多级台阶见证了先民的勤劳与汗水,在长期艰苦劳动中锻造了中华民族坚韧不拔、顽强拼搏、敢于创新的意志品格。劳动成果乃"粒粒皆辛苦",让我们很早就懂得御欲尚俭、艰苦朴素、知足常乐。农耕劳动具有社会性,开田辟壤、种植收获、挖渠建陂需要人们互助合作,农耕社会中人们不仅注重人与自然的共生,更注重人与人、人与社会的和谐,造就了中华民族爱好和平、和合与共、守望相助的理想追求。这些优秀的精神品质、道德情操是新时代培育社会主义核心价值观的沃土,需要保护、传承并发扬光大。

(二) 丰富农民精神文化生活、提高文化自觉的深厚滋养

乡村振兴不仅是物质上的充裕,更需要文化的繁荣,既要"塑形"也要"铸魂",文化就是乡村振兴的魂。农耕文化深深扎根于乡土社会土壤中,它与农民和土地密不可分,只要有农民,只要有农事活动,农耕文化就有发展的根基,即使历史变迁、王朝演替、现代文化冲击,农耕文化所具有的乡土普世性和民间性使其具有深厚的生存土壤而延续传承。例如,有关农耕的民俗活动,不仅是节庆、祭祀、仪式,更广泛的意义在于它是农民情感交往、生活交际的精神生活需求,在这种交流中,人们在潜移默化中形成情感认同和规则意识,正像是"一只无形的手"指挥着乡村生活处于和谐与安宁的状态。农耕文化具有悠久的历史积淀和广泛的群众基础,是广大农民的情感皈依和精神故园,不管人们离家多远、栖居何处,素有离乡不离土的传统,农耕文化始终是抹不去的乡愁。农民是农耕文化的主人,传承农耕文化就让农民用自己最擅长、最喜欢的内容与形式表达对美好生活的向往与追求,形成独具乡土味道的文化生活氛围。只有让农民群众对乡村有热爱、对文化有认同,才能为乡村振兴凝聚起磅礴的精神力量。

(三) 推动农业生态转型、实现绿色发展的历史积淀

中国传统农业在"阴阳五行说"、天地人"三才论""余气相培""地力常新壮"、生物间相生相克等朴素生态学思想指导下,形成了一套精耕细作、用养结合、循环利用的传统农业生产和技术体系。美国土壤物理学之父富兰克林·金在20世纪初考察完中国、日本和朝鲜的农耕体系后,赞叹东亚农耕历史经历4 000年,土壤依旧肥沃,认为推广东亚的可持续农业经验对全人类都是有帮助的。中国传统农业是一种循环体系,最大程度提高资源利用效率和减少环境污染。例如桑基鱼塘系统"塘基上种桑、桑叶喂蚕、蚕沙养鱼、鱼粪肥塘、塘泥壅桑"的生态模式实现了零排放。传统农业技术充分利用生物间相生相克，达到病害控制效果。例如稻田养鱼，鱼减少了水稻纹枯病和稻瘟病，并且抑制了杂草和害虫（如水稻飞虱），鱼粪还可以肥田。现代科学研究表明，稻田养鱼不仅可以收获同样的谷物，杀虫剂用量可减少2/3，化肥施用量减少1/4。间作套种不仅可以充分利用土地空间，现代研究也表明品种的混合栽培可以减少病害。这些传统的技术与模式对现代农业发展依然发挥着重要作用，原农业部（现农业农村部）从2012年开始启动"中国重要农业文化遗产"挖掘工作，就是保护传统农业系统的生物多样性、农业知识和技术以及文化和景观，使之成为可持续发展的基础，截至2023年年底，分7批发布了188项中国重要农业文化遗产。

二、优秀农耕文化保护传承面临的问题

在工业化、城镇化快速发展的背景下，很多优秀农耕文化被无情丢弃，其传承环境也在不断恶化，可持续发展面临严峻挑战，对农耕文化的抢救性保护迫在眉睫。

（一）物质性农耕文化消失严重

中国地形、地貌和气候条件的多样性造就了丰富的农业生物多样性。我国拥有大量野生动物和植物资源，劳动人民在此基础上，通过长期驯化，培育了独具地方特色的作物、畜禽、水产等品种。中国"杂交水稻之父"袁隆平就是利用野生稻与普通栽培稻多次杂交，培育出高产杂交稻新品种。这些宝贵的种质资源是保障国家粮食安全、基因安全和重要农产品供给的战略性资源。但是工业化、城镇化发展中由于忽视保护，野生动物和植物生境遭到挤占和破坏，农业生产上以高产为主要目标的单一化和商品化种植，加之环境污染，使农业种质资源种类和数量严重下降，特别是交通便利地区作物野生近缘植物消失速度加快。20世纪70年代末在江西省东乡县发现的世界上分布最北的9个普通野生稻居群，目前仅剩3个；80年代初广西壮族自治区的野生稻分布点有1342个，现在只有325个。超过1/2的地方畜禽品种数量呈下降趋势，濒危和濒临灭绝品种约占地方畜禽品种总数的18%。

自然村落呈加速消亡态势。全国自然村数量在2000—2010年的10年间减少90多万个，减幅超过40%。2011—2023年，中国城镇化率总体上按照每年超过1个百分点的速度增长，已达到66.16%，农村则一直在上演空心化的趋势。随着大量人口流出甚至举家搬迁，农村的老宅、祠堂、庙宇、牌坊等被常年遗弃而自然消亡，有些地方的"农民上楼"等造城运动加之农民不断拆旧建新、以洋带土加速了其人为消亡速度。蕴含着传统智慧和

乡愁记忆的曲辕犁、龙骨车、耙、耖等农具以及生活老物件，来不及收集而大量丢弃。

（二）非物质性农耕文化遭遇传承危机

随着农业生产比较效益下降，劳动力成本提高和农业劳动力的老龄化趋势，传统农业生产中精耕细作、种养结合、间作套种等生产技术被化肥、农药等简单、立竿见影的技术替代，传统农事操作规范几近失传。对土地、山林、河流等的信仰和禁忌式微，造成对资源的过度消耗和环境污染。

我国70%的非物质文化遗产散落在农村，很多非遗项目面临传承危机。第五批国家级非物质文化遗产代表性项目传承人的平均年龄是63.29岁，其中80岁以上的占近10%，而40岁以下的仅占0.65%。诸多农村传统手工艺陷入"人去艺亡"的尴尬境地。闽南永春漆篮传统手工艺从业者128人中，40岁以下的仅剩6人，已无30岁以下的漆篮从业者。

农俗活动在乡村渐行渐远。一方面，农村社会逐渐"原子化"，在人口流出和以家庭为单位的劳动组织形式下，农俗活动失去了生存的社会环境。看电视、打牌等现代文娱活动占据了农民大部分空闲时间，农民人均每天看电视的时间达到2.76小时（财政部科教和文化司、华中师范大学全国农村文化联合调研课题组，2007年）。另一方面，在商品经济推动下，不少地方出现"文化搭台、经济唱戏"的"民俗热"，而这种热潮的首要任务是将民俗"打扮"成商品售出赢利，有些地方甚至为迎合旅游消费，编造或扭曲出很多"伪民俗"。

（三）传统农业生产系统可持续发展受到挑战

传统农业系统被"大肥、大药、大水、大马力"的石油农业不断替代。以入选中国重要农业文化遗产的部分系统为例，这些系统的可持续发展面临诸多困境。一是面临城市发展的用地挤占。例如，河北省宣化区传统漏斗架葡萄种植园基本处于城市发展建设用地规划中，原有的3个传统葡萄园种植村现在仅剩1个，2009—2019年宣化区传统葡萄园种植面积缩减86.5%。二是缺乏管理和保护。例如，新疆维吾尔自治区吐鲁番市坎儿井灌溉系统，由于肆意使用，坎儿井数量迅速减少。根据2003年普查，吐鲁番市有水的坎儿井已减少到405条，比最多时减少了67%，灌溉面积缩减了60%多。三是产业发展的生态破坏。利用农业景观发展乡村旅游和休闲农业已成为农村发展的新动能，2018年全国休闲农业和乡村旅游接待超30亿人次，营业收入超过8 000亿元。但是在热闹的产业发展背后，农业生态系统承受了沉重负担，不少南方梯田旅游景区已经出现水源过度消耗、梯田旱化、垃圾遍野的现象。四是市场风险的挑战。例如，浙江省湖州市桑基鱼塘系统，水产效益高于养蚕效益，导致鱼塘面积增大、桑基面积缩小，基塘比例的失调已经影响到农业生态系统的稳定性。五是自身基础薄弱。已认定的中国重要农业文化遗产地涉及40多个脱贫县，并且与少数民族脱贫地区有较大的地缘重叠，这些地区基础设施薄弱，地方财力不足，对重要农业文化遗产保护心有余而力不足，不少地区停留在"拿牌子"阶段。

三、优秀农耕文化与乡村振兴的融合路径

保护传承弘扬优秀农耕文化，就要让农耕文化"活"起来，按照"产业兴旺、生态宜居、乡风文明、治理有效、生活富裕"的总要求，推动传承弘扬农耕文化与实施乡村振兴战略有机融合。

（一）培育新动能，推动产业兴旺

加强传统品种资源保护与开发。研究出台农业种质资源保护法律，强化种质资源保护的法律支撑，加强传统品种的收集和改良。例如，列入中国重要农业文化遗产的内蒙古敖汉旱作农业系统，当地农业管理部门从农户家中收集传统杂粮品种200多个，进行试验种植，对老谷种开展提纯复壮，有效保护了一些濒临灭绝的谷物品种。加大优势传统品种的产业开发力度，针对一些传统品种商品率低的特点，切实转变到以质取胜的发展轨道上来，逐渐向绿色有机等中高端产品发力，同时加强功能性食品研发，延伸产品的价值链。培育传统品种的品牌优势，挖掘文化内涵，让这些产品成为有"文化"的农产品。

复兴一批有带动能力的农村传统手工艺。遴选具有较大产业开发价值的农村传统手工艺进行重点打造，鼓励技术和设计能力较强的企业、高校等单位到农村设立传统手工艺工作站，结合现代生活需要，改进设计、材料，提高农村传统工艺产品的品质和市场竞争力，充分发挥传统手工艺带动农民增收的作用。例如，2020年3月，四川省印发《四川省农村生产生活遗产保护和传承工作方案》，重点支持20个县（市、区）开展郫县豆瓣传统制作技艺、中江挂面传统生产技艺、传统手工腊肉腌制等传统手工艺，对其传承、推介、展示、销售给予一定扶持。

推动农耕文化植入休闲农业和乡村旅游。挖掘农耕文化资源发展创意农业，建设集农事体验、文化展示、科普教育于一体的农耕文化园，破解乡村旅游同质化问题，提高文化品位。坚持"保护第一、开发第二"的原则，完善保护设施，开展旅游承载力评价，防止对农业资源和生态系统的破坏。加强对乡村旅游市场管理，有效治理"伪民俗"等现象。

（二）构筑风景线，促进生态宜居

乡村规划要避免城市思维，保留乡村风貌，在景观设计、建筑形式上注重乡土文化元素植入，从设计风格、空间布局、色彩搭配上尊重乡村机

理，形成森林、农田、水系、道路、住宅的和谐统一。切实落实好乡村规划师制度，提高乡村规划水平。乡村建设中要融入乡土味道，坚持原真性保护、整体性保护和发展中保护的原则，保护好古建筑、传统村落、文物古迹、民族村寨、农业文化遗产、灌溉工程遗产等农耕文化遗产，防止大拆大建、推倒重来。农村人居环境整治和传统村落保护利用中要在"微改造"上下功夫，配套完善水、电、路、气、讯等基础设施，让乡村既展现田园风光，又让农民享受现代生活的便利。

对于传统农业技术、知识和制度要取其精华和合理的部分做好现代转化，推动农业实现生态转型和绿色发展。系统总结和深入挖掘那些资源节约型、生态保育型和环境友好型的传统技术，与现代农艺相结合，发展耕地质量提升、化肥农药减量替代、节水灌溉、轮作休耕、病虫害综合防控等绿色技术，融入机械化、自动化、信息化、智能化手段，提高人们使用技术的轻简性。继承传统农业中人与自然和谐共生的生态理念，运用生态工程和生态技术，大力发展现代生态农业，形成不同主体、不同范围的种养结合、循环农业体系。

（三）守住根与魂，塑造文明乡风

农耕文化、农耕文明是中华民族对人类文明的重要贡献，是乡风文明的根与魂，而乡风则是维系中华民族文化基因的重要纽带。挖掘优秀农耕文化的精神实质，传承和谐共生、守望相助、诚信重礼的思想理念，培育文明乡风，抵制封建迷信等错误和腐朽思想，践行社会主义核心价值观，使农民展现积极向上的精神面貌和精神状态；继承勤劳善良、艰苦奋斗、朴实敦厚的精神品格，培育淳朴民风，遏制农村黄赌毒、大操大办、人情攀比等陈规陋习；弘扬耕读为本、勤俭持家、忠孝传家的优良传统，培育良好家风，抑制人情冷漠、奢侈浪费、孝道式微的不良风气。

建设乡愁记忆载体，不仅要重视农村人居环境，还要关注乡村文化氛围营造。支持县乡两级建立农耕博物馆，将与农业生产和农民生活密切相关的特色农具、老物件、传统手工艺品、民俗等进行系统整理、集中收藏、分类展示，配以相关的文字和图片。同时，利用信息化手段，进行数字化保存和展示。支持有条件的村建设村史馆或者在村文化室、文化礼堂增设村史展示区域，挖掘和梳理本村的历史、习俗、重大事件和重要人物，用印迹乡村的形式推进村落共同记忆的回归，发挥农耕文化对文明乡风的涵育和滋养功能。

（四）文化润人心，推进治理有效

农耕文化发挥着以文化人、以德润身的重要功能。将农耕文化所蕴含的应时守则、出入相友、守望相助、父慈子孝、敬老孝亲、兄友弟恭、吃苦耐劳等精神品格重构为社会主义核心价值观引领下的现代版"村规民约",经过村民议事会、村民大会充分讨论后加以固化,利用农村大喇叭、标语、手机推送等形式扩大宣传,将其内化为价值准则,外化为行为规范。

弘扬互帮互助、同舟共济、以诚相见的村社伦理,发挥乡村熟人社会特征,有效规避现代市场经济中的道德风险。创新现代版的合作经营、诚信经营之路,提倡供销合作、信用合作、生产合作等多种合作形式,发展专业化和社会化服务,推动小农户与现代农业有机衔接,鼓励合作社和家庭农场的联合与合作,推广互助保险,推动形成农业产业化联合体。

传统社会对农事活动规律的认识和把握高度依赖于口传心授,离不开长者和智者的经验和指导,由此形成对人才的重视。新时代,要发挥德高望重的老人、道德模范、乡村能人等作用,在村党组织的领导下,积极参与乡村治理。同时,持续开展"道德榜样""最美家庭"等评选活动,使其成为乡村和谐稳定的维护者和农耕文化的传承者。

(五)注入新活力,助推生活富裕

坚持传承弘扬优秀农耕文化依靠广大农民,为了广大农民的群众路线,让农民群众切实分享保护传承农耕文化的成果。切实加大传统村落的保护投入,在改造中,提高农民居住的舒适性。建议中央财政列支专项资金用于中国重要农业文化遗产保护利用,对脱贫地区的遗产地加大财政转移支付力度,完善基础设施和保护设施建设。建立农耕文化遗产利用的利益分享机制,探索农耕文化遗产所有权入股,进行商业开发时要尊重农民意愿,项目收益按照一定比例分配给当地农民。

生活富裕离不开精神上的充实,通过农耕文化的繁荣,丰富农民的精神生活。搞好以农民为主体的文化活动,挖掘不同民族、不同地区传统节庆仪式,融入农民丰收节,破解庆祝形式单一,老百姓参与性不强的问题,使农民丰收节成为展示和传承农耕文化的窗口和平台。例如,云南省祥云县每年秋天开镰收稻之际家家户户要邀请亲朋好友来品尝新鲜的米饭和美食,在尝新前要祭祀祖宗和神灵,祈求来年风调雨顺。广东省南江流域在"田功既毕"的十月为祈年求福、庆祝丰收而跳起禾楼舞。这些仪式有传统习惯、有群众基础,可以进行转化和创新,成为农民丰收节的重头戏。

创新制度和政策,政府部门自上而下开展"文化下乡"的同时,引导农民群众自建文化队伍,挖掘优秀农耕文化形式开展活动,政府对活动经费给予一定支持。采取政府购买、项目补贴、定向资助、贷款贴息等政策措施,支持各类文化机构在深入挖掘农耕文化的基础上开展创造性转化,创作出更多农民群众喜爱的农耕文化作品。

第五部分
治理有效

乡村治，百姓安，国家稳。乡村治理是国家治理的基石，也是乡村振兴的重要内容。乡村治理水平的高低直接影响着国家治理现代化的实现，也影响着党执政根基的巩固和农民群众利益的维护。当前，我国乡村社会发生深刻变迁，城乡社会在人口流动、信息交换、文化交融等方面更加频繁和深入，一方面，农村的人口数量和结构发生变化，人口向城镇转移依然是个大趋势，农村的老龄化程度加大；另一方面，乡村的生产生活方式和人们的思想观念以及"熟人社会"的乡土秩序都在发生变化，这就要求乡村治理在理念、方法、手段等方面做出调整和创新，以适应乡村社会的新变化。

本部分介绍了4个案例。万年村的"道德超市"和罗江区的定向议事代表会议制度是当地结合实际探索的务实有效的乡村治理方式，对破解"乡村治理老方法不好用、新方法又找不到"的困境提供了启示。"小马拉大车"是乡镇普遍面临的治理难题，事权与责任不对等，可以说"责任无限大，权力无限小"。基于乡村权责事项的调研，提出了为乡村扩权赋能、提升治理效能的对策建议。如何平衡好发展与安全，是对地方政府治理能力的检验与挑战。宜宾市长宁县2019年"6·17"地震后，探索了一条灾后重建与风险防范治理相融合的新路子，有不少特色工作与创新做法，可为地方党委、人民政府做好乡村自然灾害风险治理提供参考。

【实践调研】

丹棱县万年村"道德超市"积分制助推乡村治理[①]

当前很多农村地区,一方面村民对村级事务参与积极性不高,不能充分发挥农民的主体作用;另一方面传统的乡村治理方法收效甚微,乡村治理缺乏行之有效的抓手。四川省丹棱县万年村建设"道德超市",采用积分制助推乡村治理,不仅增强了基层党组织的凝聚力,还激发了群众的主体作用,培育了文明乡风。

一、万年村"道德超市"积分制实践特点

万年村位于四川省丹棱县张场镇西北部,辖区面积7.14平方千米,共有4个村民小组255户836人,党员33人,耕地面积1 100亩,林地面积8 136亩,主要以核桃、茶叶、脆红李种植为主,是眉山市4个省级脱贫村之一,全村建档立卡脱贫人口33户97人,2016年年底,在全省率先完成了村摘帽、户脱贫。2019年5月,通过外出学习,村民集体讨论,万年村试点运行"道德超市"积分制,村民的积分换取积分卡,积分卡可以在"道德超市"兑换日常生活用品。万年村的积分制主要有如下特点。

(一)积分制运行透明

在村"两委"的领导下,万年村建立了"道德超市",形成了《万年村乡风文明"道德超市"实施细则》《万年村乡风文明"道德超市"积分获取细则》,并召开村民大会讨论通过,实施过程中成立了以第一书记、驻村干部、村组干部、村民代表为成员的乡风文明"道德超市"工作组,建立"积分发放登记台账"和"积分兑换台账",工作组负责在台账上详细记录每个村民的积分情况和积分兑换情况,村民随时可查,每周张榜公布积分排行榜,接受群众监督。

[①] 2020年6月,笔者到万年村调研,调研报告获得农业农村部有关领导批示,调研成果发表在《农村经营管理》2020年第12期。

（二）积分内容涵盖广泛

万年村"道德超市"积分制按照"产业兴旺、生态宜居、乡风文明、治理有效、生活富裕"分5个大类15个小类24个积分项（表1），村民根据积分细则获取道德积分，1分等值2元人民币。截至2020年6月，全村共有2 905积分，村民在"道德超市"兑换2 880积分。

表1 万年村"道德超市"积分明细

积分类		积分项	积分标准
产业兴旺	产业发展	自身发展成效明显	发展主导产业面积达10亩以上，产能效益达5万元以上积2分，10万元以上积5分，20万元以上积10分
	带动群众	带动发展成效突出	发展特色产业，积极实施品种改良，积2分，向群众实地指导种植和养殖技术，成效显明1次积5分，获评田专家、土秀才等称号积20分
	收入增长	勤劳致富增收显著	年收入达到5万元以上积2分，10万元以上积5分，20万元以上积10分
生态宜居	家庭整洁	整洁有序常态保持	每季度由环境监督分会在各组内评选家庭整洁前三名，获选1次积2分，村评选前三名，获选1次积5分，每年度评1次最美庭院，获选1次积10分
	环境保护	秸秆禁烧人人有责	提供秸秆焚烧线索1次积2分
			扑灭明火1次积5分
			焚烧秸秆1次扣20分
		环保监督提供线索	经排查线索属实，1条积5分
		清河行动积极参与	参与1次清河行动半天积5分，1天积10分
		清洁能源带头推广	安装节能减排环保设施（如沼气、液化气等）积10分（只加1次）
		污水设施积极建设	积极修建污水处理设施（如湿地池、三格化粪池等）积10分（只加1次）
		偷排漏排畜禽粪便	发现1次扣5分，同一户连续出现2次扣20分
	村庄清洁	卫生打扫大家参与	积极参加村庄卫生打扫或主动拾捡白色垃圾1次积5分、收集农药瓶10个积1分、收集农药袋20个积1分
		乱丢乱倒坚决打击	发现乱丢乱倒垃圾现象1次扣5分

表1（续）

积分类	积分项		积分标准
乡风文明	好人好事	团结友爱乐于助人	助人为乐、拾金不昧、积极调解友邻矛盾纠纷1次积5分
	活动参与	村级活动积极参与	积极参与村级活动，如党群活动、农民夜校以及公益事业，1次积1分，参与活动登台表演或者作为代表发言1次积5分
	党务村务	党风廉政带头遵守	根据电话录音，正确如实回答问题1次积10分
			根据部门反馈或收到举报胡乱或报复性回答问题的1次扣10分
		平安建设积极出力	根据部门反馈或收到举报胡乱或报复性回答问题的1次扣10分
		扫黑除恶共建和谐	提供线索经查实1次积20分
		脱贫攻坚成效明显	积极主动致富，被各级媒体报道推广1次积10分
			隐瞒真实情况，胡乱或报复性回答问题，1次扣10分
治理有效	道德模范	争创模范示范带动	被评为道德之星、五好家庭、好儿媳、好公婆、身边好人等道德模范1次积10分
	建言献策	村级发展多提建议	向各级人大代表提建议意见1次积5分，向村"两委"建言献策并获得采纳1次积5分
	政策学习	学习政策提升能力	安装学习强国、微眉山、大雅丹棱App并学习1次积1分（每人只有1次）
			被各级媒体正面报道1次积10分
			学习强国每提升1个积分段位积2分
生活富裕	公益志愿	公益事业热心服务	参与公益志愿活动每小时积2分
	精神文化	文明先锋传递能量	积极丰富群众精神文化生活、传承万年村正能量（如带头遵守《万年村节俭办事细则》）等1次积2分
	先进典型	树立典型引领发展	获镇级以上各类先进模范1次积10分

（三）积分体现激励与约束并举

万年村的积分设置以加分项为主，如"发展特色产业，积极实施品种改良，积2分，向群众实地指导种植和养殖技术，成效明显1次积5分，获评田专家、土秀才等称号积20分""积极修建污水处理设施（如湿地池、三格化粪池等）积10分（只加1次）"等。同时也设置减分项，如"焚烧秸秆1次扣20分""发现偷排漏排畜禽粪便1次扣5分，同一户连续出现2次扣20分"等。

（四）区分主体设置积分

万年村的积分制总体上分为党员"奉献积分"和村民"道德积分"，党员"奉献积分"只能用于借阅党建书籍，超出部分才能兑换商品，村民的

"道德积分"都可以兑换商品。对不同主体设置了最低积分,一是针对村组干部、党员设置"奉献积分",如"村组干部、纪检小组成员全年累计积分不得低于30分,村民代表全年累计积分不得低于10分""全村党员每年活动参与类积分不得低于20分"。二是针对脱贫户,规定"需要积极配合全村各项工作,全年积分不得低于30分",以此激发脱贫户的内生发展积极性。

二、万年村"道德超市"积分制实施效果

(一)基层党组织的凝聚力增强

万年村"道德超市"积分制运行公开透明,村民对村"两委"的信服度提高。对村组干部、党员设置"奉献积分",充分发挥了基层干部、党员的模范带头作用。村党支部书记率先进行核桃品种改良,示范带动村产业发展。2019年夏季恰逢非洲猪瘟高发期,4组组长带头建起疫病防控隔离带,看到村组干部的示范带动,村民自觉地向村组干部看齐,纷纷行动起来。第一书记介绍,以前村庄集体活动很难召集村民,自从将参加村庄事务、公益事业和建言献策作为积分项后,村民参与乡村治理的积极性得到提高。

(二)群众主体作用被激发

广大农民群众是实施乡村振兴的主体,只有调动农民的积极性、主动性、创造性,才能汇聚乡村振兴的磅礴之力。据村民介绍,以前万年村的茶山上随处可见丢弃的农药废弃包装。万年村将"收集农药瓶10个积1分、收集农药袋20个积1分"作为积分内容,老百姓收集废弃农药瓶、农药袋的积极性被激发,也养成了不乱丢弃有害垃圾的习惯,现在的万年村很难看到废弃农药包装。73岁的五保户张某一次性将收集到的210个农药瓶和85个农药袋送到"道德超市"获取25.25分。通过实施积分制,老百姓垃圾分类的意识明显提高,对哪些是有害垃圾、可回收垃圾等有了更清醒的认识。

新冠肺炎疫情防控期间,村里的茶叶市场日常清扫缺少人手,在外务工不能按时返城的村民陈某主动协助清扫茶叶市场,并将所获积分给奶奶兑换成酱油、面粉等。由于给脱贫户规定了最低积分,脱贫户发展产业巩固脱贫成果的主动性得到提高。村里安排年收入低于5 000元的脱贫户参加每月的村庄清洁行动,并给予每天80元的补助,他们参加村庄公益事务的热情也被调动起来。

(三)文明乡风得到培育

乡村振兴既要塑"形",更要铸"魂",文明乡风就是乡村振兴之魂。

通过"道德超市"积分制，树立了道德榜样，文明之风得到弘扬，不文明行为受到约束。2019年6月22日，村民张某在拾到邻村村民丢失的钱包后，立即联系失主归还，让她一跃成为当月"道德超市"的"积分榜领跑王"。第一书记介绍，2020年4月，一村民将没有熄灭的烟头丢在路边，引燃了枯草和秸秆，"道德超市"工作组得知后扣减了该村民20分，被扣分后，该村民自感脸上无光，主动写了检讨书，并自愿宣传防火政策，做义务防火监督员。

三、乡村治理中运用积分制的思考

从万年村的实践看，积分制提高了乡村治理效能，既降低了村干部的管理成本，还提高了村民参与乡村治理的积极性。可以说，积分制源于基层创造，是乡村治理的有效抓手。为进一步完善积分制，引导各地推广运用，有几个问题需要关注。

（一）积分制要坚持问题导向

每个村庄的经济发展水平、社会基本情况不同，所面临的矛盾问题也不同。积分制运用要因地制宜，不可生搬硬套或简单的"拿来主义"，更不可贪大求全、积分项目过多，一是老百姓不好记，什么都能积分，反而会降低积分的管理效果；二是数据记录量大，又会造成治理成本增加。要从村庄的实际情况出发，突出问题导向。从万年村的实践看，生态宜居类积分最多，占村民总积分的近八成，在改善村庄环境方面的效果最突出。积分制运用要循序渐进，从当前阶段群众反映的突出问题出发，积分项设置中采用能量化、群众易接受、能达到的项目，逐步拓展积分领域，适时调整积分项目。

（二）积分全过程要公开公正

要坚持基层党组织的领导，充分听取广大村民的意见，让群众参与从积分制定、实施到结果运用的全过程。在积分制运行中，要充分发挥老教师、老干部、老党员的作用，让村民议事会、红白理事会、道德评议团等全程参与监督。积分结果要公平公正，不宜将农民群众享受的普惠政策纳入奖励范围，积分兑换既可以是物质奖励，也可以是精神鼓励，有条件的村庄可以拓展积分结果运用，例如将积分结果与信用贷款等挂钩。

（三）探索积分制长效机制

积分制在企业绩效管理、教育管理、党员管理等很多行业和领域都有应用，例如在公司绩效管理中，将员工的能力和表现通过加减分的方式科学量化，定期或不定期地用积分兑现员工多样化需求，向积分高的员工倾斜，调动员工积极性，促进企业快速发展。积分制应用在乡村治理中还是一种新事物。首先，要鼓励基层大胆尝试，探索出可复制、能推广的积分制模式。其次，要注意与其他行业或领域的差异，在农村社会，每个家庭的基本情况、发展需求千差万别，积分制应用要先从农民普遍关心的问题出发，如环境卫生等。最后，积分制实施要有一定的物质保障，特别是对那些村集体经济薄弱的村庄，要多渠道筹集资金，在资金使用中也要注意合规性。

德阳市罗江区探索定向议事代表会议制度[①]

罗江区定向议事代表会议制度起源于2008年"5·12地震"。地震发生后，原罗江县（现罗江区）蟠龙镇党委政府派人到盐井村调查了解农户的受灾情况，以确定发放补助粮食和现金的对象。可到了村里，一些村民不同意了，他们认为，要么按户数或者人数平均分配，要么就都不发。物资数量有限，同类物资品牌规格不同，村民强烈的平均主义要求，让政府一时不知如何分发这些物资。

后来，蟠龙镇党委政府提议由每户村民派1名代表，一起开会讨论决定。经过一番讨论，村民们举手表决通过了享受补助的对象，对此群众心服口服，非常满意。

受此启发，蟠龙镇党委政府向县委县政府汇报，决定在盐井村试行议事员制度，并确定了"党是核心、议政分开、定向代表"的基本框架。选举议事员采取村民不记名投票方式，各村组院落按每6~13户的标准，"海选"出一位德高望重、做事公道的村民当议事员。盐井村一共设立了41个议事员，负责定向收集村民意见、定向化解矛盾、定向宣传政策等工作。从此，村民们有了自己的"代言人"。

随着时间流逝和不断地摸索，近年来，罗江区在"村民议事代表"的基础上，进一步规范了代表职责和运行程序，逐步形成了定向议事代表会议制度。

一、如何理解定向

定向主要从以下3个维度理解：一是定向产生。各村以家庭为基本单位，一般每5~15户按宗族、院落等自愿结成1个单元，联名推荐1名代表，让每个家庭知道自己的代表是谁，代表也知道自己具体代表谁。二是定向联系。定向议事代表主要以推选他的村民作为联系服务对象，定向收集意见建议，了解需要帮助解决的问题。三是定向反馈。定向议事代表负责将议事结果及时反馈给所代表的村民，确保群众知晓，并做好相关政策

[①] 原文《村民有了自己的"代言人"——四川省德阳市罗江区定向议事代表会议制度细解》发表于《农民日报》2021年3月25日。

宣传、解释答疑工作，确保信息对称、思想统一。

二、定向议事代表会议制度和村民代表会议制度的联系与区别

二者的联系。定向议事代表很大一部分是村民代表，定向议事代表会议的作用是"定前先议"。在开村民会议（或者村民代表会议）研究事项前，要先在一定范围内召开定向议事代表会议提出意见建议或解决方案，在村民会议（或者村民代表会议）上，就定向议事代表会议提出意见建议或解决方案进行决策，决策通过后，交由村委会执行。这样做带来的好处是：会前达成了一致意见，会上就可以顺利通过，并且可以一次会议通过几个议题，解决了以往"议而不定"、会议效率低、会议消耗经费和精力多等问题。

二者的区别。一是村民代表每5年一换，经常有人外出务工，常年不在家，不能很好履行职务；而定向议事代表必须是在家人员，并且可以随缺随补。二是村民代表会议才有决策权，而定向议事代表会议只有建议权。三是村民代表会议只有村民代表参加，而定向议事代表会议有常设代表和临时代表2类人参加，临时代表是利益攸关方和专业技术人员，往往他们的意见建议才是矛盾突出点，以促进定向议事代表会议提出的建议或解决方案有一定的代表性和科学性。四是村民代表会议一般在村委会集中召开，参会人员多，会议组织比较复杂、投入较大；而定向议事代表会议根据需要可以随时在田间地头、院落院坝召开。

三、定向议事代表会议制度的实施效果

2020年7月，罗江区印发了《德阳市罗江区定向议事代表会议制度（试行）》，印发了《定向议事代表会议操作手册》。经过提炼总结，形成了"四个三"工作机制。随着规则不断细化完善，定向议事代表会议制度将进一步优化多元参与、协商治理的村级事务决策程序和规则，提升乡村自治水平。一是提高了办事效率。通过"定向收集、定向议事、定向反馈"，有效避免了"会而不议、议而不决"问题，大大提高了村民代表会议决策效率和村"两委"办事效率。二是在一定程度上畅通和拓宽了群众诉求表达渠道。三是扩大了群众参与度。定向议事代表会议制度通过制度创新，提升了群众参与村级事务管理的积极性，打消了群众对村组干部"大包大揽""替民做主"的误解。

四、罗江区星光村定向议事解决村庄难事①

清明节是扫墓祭祖的传统节日。在四川省德阳市罗江区鄢家镇星光村6组却有一个怪现象——村民一不上坟二不扫墓，却是对着一块石头表达哀思。原来，在2017年，星光村6组率先启动乡村建设行动，启动乡村旅游项目，但村民房前屋后堆立的坟包成了景观打造的大难题。中国人讲究"入土为安""死者为大"，迁坟可是个棘手的大问题。没想到，在村民定向议事代表的组织下，星光村6组48户村民经过商议，决定把村里的186座坟都"藏起来"。

星光村是个远近闻名的水果村，其中6组最为集中连片。更独一无二的是，这里有一个声名远扬的农民诗社——云峰诗社，聚集起了一大批农民诗人，为这里的农耕生活赋予了浪漫的诗意。经过思考，星光村提出以6组为核心，盘活资源，打造一个乡村旅游的样板出来。这一想法得到了上级部门的支持，很快也有业主表示了投资的意愿。

"好是好，但6组48户村民，房前屋后的坟墓就有近200座，有的就在大路旁，这实在影响景观打造。"一家欲投资乡村民宿的业主来考察后，说出了自己的顾虑。

村"两委"四处考察取经，最后下定决心——动员村民迁坟。"不是子孙不孝，而是发展需要，亲人们会理解的……"村党委书记周华以德高望重的几位老人为突破口，先做他们的思想工作，形成带动效应。大家抹不开情面，也就慢慢松了口。

周华高兴得不得了，立马召集48户村民开会讨论，以形成书面决议。没想到，会上大家你一言我一语，不少人变了卦。

"亲人们已经入土为安，还要去打扰，感情上确实接受不了。"

"村里不少都是清朝的老墓了，现在挖开，这实在不合适。"

……

这次会议不欢而散。

难道事情就这样搁置下来了？周华不死心，找来6组的3位村民议事代表，推心置腹道："大伙儿的心情我都理解，但也看得出来，大伙儿也都想发展，一旦错过了这个机遇，其他村子干起来了，我们可就落后了。"周华拜托3位村民议事代表找各自联系的院落"摆一摆"，看看大家有没有什么好办法。

---

① 原文标题《"藏起来"的186座坟——四川省德阳市罗江区星光村定向议事解决大问题》发表于《农民日报》2021年3月25日。

没想到，没过多久，3位议事代表就找到周华说，他们不迁坟，而是平坟，只要看不到坟头看不到墓碑，目的也就达到了。村民们商议了，一是186座坟迁出去，也得占2亩多地，划不着；二是大费周章地迁坟，不仅惊动故人，而且还要花出去一大笔工钱，更是不划算。

议事代表的一席话让周华喜出望外。他立马组织召开了村民会议，6组的48户村民在平坟决议书上签了字。同时，大家将方案进一步细化，决定在平去坟头后放置一块记号石，而且每块石头都按照乡间传统"过红纸"。

"大伙儿没有要一分补偿，唯一就是村上按每座坟80元的标准出了个香火钱。"周华说，"每次有外面的干部来村里考察学习，听说这事都不敢相信，直摇头说'学不了'。"

村干部做不通的工作，为啥村民议事代表能干成？周华说："一些村民对村干部并不十分信任，把我们叫作'当官的'，但是村民议事代表就是自己一个院子的邻居，抬头不见低头见，往往也是利益共同体，所以更信任他们。"

放权赋能，破解乡镇"小马拉大车"困境①

放权赋能，扩权强镇，赋予乡镇政府更多权力，增强乡镇政府社会管理和公共服务能力，有利于破解"小马拉大车"的困境，激发乡镇更大的活力，符合国家治理能力现代化的重要方向。本部分是在原成都高新区东区12个乡镇做的调研，针对乡镇权责能不匹配等制约发展的问题，通过走访部分乡镇，召开了2次分别由乡镇主要领导和相关部门参加的放权赋能座谈会，广泛收集乡镇关于放权赋能的诉求，研讨落地的具体举措，并赴浙江省扩权强镇的典型地区进行了实地调查，形成以下调研报告。

一、乡镇职能职责、职权及运行现状

2017年4月，成都高新区代管成都天府国际空港新城建设所涉及的简阳市12个乡镇，总面积约483平方千米，户籍人口总数31.7万人，共有社区8个、村166个。2020年4月，成都市成立东部新区，这12个乡镇由成都东部新区管理，有的乡镇进行了合并，有的改为街道。以下调研是在成都高新区代管期间所做。

（一）乡镇职能职责情况

乡镇作为国家政权机构中最低一级政权组织，直接面向农民工作，负责党和国家方针政策的贯彻执行，以国家政权者的身份负责辖区内的政治、经济、社会、文化和生态文明建设，肩负着重要职责。通过对乡镇职能的梳理汇总，主要分为8个方面、40个大项，包括组织建设5项、公共服务7项、民生保障5项、经济发展6项、规划建设8项、公共安全4项、社会事业3项、城镇管理2项（表1）。

表1 乡镇主要职能职责梳理

主要方面	主要事项
组织建设（5项）	农村党建；农村群团（工会、共青团、妇联）建设；乡镇人大、武装工作；村（社区）自治组织建设；精神文明建设

---

① 报告为笔者在成都高新区挂职期间，在"大学习、大讨论、大调查"活动期间开展的调研。

表1（续）

主要方面	主要事项
公共服务（7项）	人口与生育状况调查统计；编制乡镇人口增长计划；落实流动人口计划生育服务管理；农业技术性、公益性服务；农民负担情况分析；发放各项政策性惠农补贴；开展农村学法普法工作
民生保障（5项）	脱贫攻坚；社会养老、医疗保险的宣传和提供购买服务；提供劳动保障和农村人才资源开发等公益性服务；优抚、双拥、救灾救济、低保五保、医疗救助、社会福利院建设、敬老院建设、困难老幼保障、殡葬管理和民间组织管理等民政工作；双特、失独家庭安抚和帮扶
经济发展（6项）	制定经济、信息和能源发展规划并组织实施；对经济运行情况进行分析，做好经济普查；做好产业布局，优化农业农村经济结构；助民增收；做好工业企业管理、商贸流通、旅游发展、工商金融和招商引资等工作；编制执行乡镇预算，资金、资产的管理监督
规划建设（8项）	编制场镇、村庄规划；镇村建房审批；产权、产籍的登记申报；建设监督管理；协助办理工程选址、定点、红线图绘制及开工放线验线等工作；配合办理土地审批相关事项；道路、水利基础设施规划建设维护；征地拆迁
公共安全（4项）	维稳、防邪、信访等稳定工作；突发事件的应急处理、减灾防灾、安全生产、地质灾害防治、禽畜免疫、公共卫生安全和食品药品安全；生态环境保护和污染防治；建设工程质量安全管理和违建治理
社会事业（3项）	文化体育宣传、农村广播电视等文体类公益性服务；科技下乡普及工作；文化遗产的发掘保护和民间文化的收集、整理、包装
城镇管理（2项）	镇村公共场所秩序维护、卫生治理；城镇街道、供能、排污等公共设施的新建维护和管理

（二）乡镇机构设置及驻镇单位管理情况

乡镇内设机构和下属事业单位基本在5~8个，人口较多乡镇有6个内设机构和2个事业单位，人口较少乡镇有3个内设机构和2个事业单位。

12个乡镇共有在职干部职工（含聘用）1 036名，平均每个乡镇86名。其中，人口较多的草池镇有132名，人口较少的海螺乡有50名。

驻镇单位包括派出所、学校、医院、畜牧站等机构，基本属于垂直管理，直接受区级相关部门的管理。

（三）乡镇职权内容及运行现状

乡镇职权主要集中在行政审批和便民服务方面，高新区已向乡镇便民服务中心下放社保、计生、民政、农业等方面的72项行政审批和服务事项，其中5项为乡镇初审，67项为乡镇终审，有效解决了群众就近办事，实现"办事不出乡镇"（表2）。

表 2　下放乡镇的行政审批和服务事项

办理权限	事项
终审	法律援助服务；烟花爆竹经营零售许可证核发；房屋租赁备案；乡村建设规划许可证（农户）；再生育审批；公共场所卫生许可证核发审批；公共场所卫生许可证变更审批（包括单位名称、法定代表人、负责人、地址名称）；公共场所卫生许可证补办审批（包括遗失、污损变更）；公共场所卫生许可证复核；公共场所卫生许可证注销审批；供水单位卫生许可证核发审批；供水单位卫生许可证变更审批（包括单位名称、法定代表人、负责人、地址名称）；供水单位卫生许可证补办审批（包括遗失、污损更换）；供水单位卫生许可证复核；供水单位卫生许可证注销审批；经营性高危险体育项目许可；出版物零售经营许可；优抚对象医疗保障；优抚对象抚恤金、补助金、生活补助金；义务兵家庭优待金发放；自然灾害受灾群众救助；《老年优待证》核发；年满80周岁老年人高龄津贴；养老服务补贴申请；个体参保人员社会保险参保手续办理；个体参保人员社会保险参保暂停缴费审核；个体参保人员社会保险参保终止缴费审核；个体参保人员社会保险参保缴费基数变更审核；个体参保人员社会保险参保基础资料变更审核；个体参保人员社会保险参保费月征收数额台账核定；个体参保人员社会保险缴费缴纳证明核定；个体参保人员社会保险资料核对；个体参保人员社会保险补缴（包括36个月补缴欠费）核定；企业职工、个体参保人员办理领取基本养老金手续办理；终身无子女和孤寡退休人员生活补助费核发；养老金领取资格核查；养老金停发或暂停发放审查；基本养老保险个人账户储存额继承审核；基本养老保险个人账户储存额退还审核；门诊特殊疾病医疗费用审核；门诊特殊疾病医疗费用结算；单位参保人员全额垫支住院医疗费用结算；个体参保人员全额垫支住院医疗费用个人结算；大学生住院医疗费用结算；参保人员异地就医管理备案登记；异地就医人员注销登记；享受医疗保险待遇审核；医疗个人账户清退审核；非本市定点医疗机构费用审核结算；退休人员基础资料修改；定点零售药店基本医疗保险个人账户结算；企业离退休人员死亡待遇发放；失业保险登记；城乡居民基本医疗保险参保登记；城乡居民养老保险参保、缴费、待遇核定；个体工商户设立登记；个体工商户变更登记；个体工商户注销登记；动物饲养场、养殖小区和动物屠宰加工场所动物防疫条件合格证核发审批；动物饲养场、养殖小区和动物屠宰加工场所动物防疫条件合格证信息变更；农作物种子经营备案；动物及动物产品检疫合格证核发；水产苗种检疫合格证核发；乡村兽医登记许可；引进种用畜禽及其胚胎、种蛋、精液检疫；生鲜乳运输准运证明核发；农产品地理标志登记申请人资格确认评定；户用沼气报废审批；旅行社分社备案登记证明
初审	军人、人民警察、公务员及行政参公管理人员残疾等级评定受理；领取抚恤金、生活补助金的抚恤优待对象身份审查认定；省级家庭农场示范场评选初审；省级农民专业合作社示范社评选初审；农产品地理标志登记初审

二、乡镇现行体制机制的突出问题

执行有力、运转高效的基层政府是乡村振兴的重要保障。放权赋能主要针对现行行政管理体制与经济社会发展不相适应的矛盾，破除体制机制限制，激发发展活力，使乡镇成为区域经济发展的重要一级。通过放权赋能，势必激发乡镇政府和村组织干事创业的积极性和主动性，促进公共服务向农村延伸，促进区域经济又快又好地发展，加快城乡一体化进程，提高农村居民的幸福感和获得感。乡镇在行政管理职能、经济调控职能和社会管理职能方面普遍弱化，调研发现乡镇政府在运行过程中主要问题突出表现在3个方面。

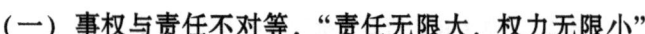

（一）事权与责任不对等，"责任无限大，权力无限小"

一是缺少执法权。乡镇在环境保护、拆违治违、城市管理、市场监管、交通运输等诸多方面没有执法权，"看得见的管不了，管得了的看不见"，然而一旦发生问题，又要按照属地管理的原则承担责任。例如，乡镇在拆违治违中只能劝阻，由于没有执法权，有时是冒着违法的风险去劝阻、拆除或扣押运送物资的车辆，"执法成本高，违法风险大"问题突出。二是有限审批权。虽然下放了部分行政审批和服务事项，但还不能充分满足广大百姓的实际需求。例如，在农房建设方面，无房户和异地选址建房的申请量大，但乡镇没有审批权，部门的审批速度慢，群众怨声载道，信访事件时有发生。三是驻镇单位难协调。乡镇对辖区内的医院、学校、工商质监等部门没有人财物管辖权，但又承担着教育均衡发展、提升医疗卫生水平、市场监管等目标考核和安全稳定的"属地管理"责任。例如，乡镇反映在开展辖区安全生产培训时，个别驻镇机构以工作忙或主管部门已组织培训为由，不积极参加乡镇的安全生产培训。乡镇在组织安全生产大检查时，驻镇机构配合不积极或对安全隐患排查整改不及时，然而一旦出现安全生产事故，按照"属地管理"原则，乡镇也要承担相应的安全生产责任，导致乡镇在开展工作上处于被动。

（二）财政保障充足，但存在"钱不好用"的问题

东区乡镇基本上没有财政收入，为高新区全额预算。托管以来，乡镇财政上的钱明显增加，但存在钱不好用的问题。一是在民生救济、应急管理方面缺少灵活性。乡镇直接面对群众、服务群众，处理应急、安全、民生等方面的事务多、责任大，在遇到影响群众生产生活的应急事项时需要马上"拿钱救命、拿钱救急"。例如，机场施工造成群众吃水困难、汛期造成地质灾害或山体滑坡等事项时，需要及时购买设备或实施工程疏通应急通道，这些应急事项来不得半点拖延，如果按一般事项走采购流程，易造成拖延。二是乡镇小修工程的管理还不完善。农村存在很多道路、水利设施等小修工程，这些设施直接影响群众的生产生活，虽然高新区已印发农村公路小修保养工程管理的通知，然而对于其他小修工程还没有明确的规定，小修工程的审计程序和材料烦琐。乡镇干部反映，农村沟渠清淤，道路补个坑，审计时还需要提供设计图纸。三是采购执行标准不统一。街道执行成都市所辖县（市、区）采购标准，即工程价50万元以下、单项或批量货物采购30万元以下可由街道办自主研究实施；而乡镇执行成都市以外县（市、区）采购标准，即工程价20万元以下、单项或批量货物采购10万元以下可由乡镇自主研究实施。四是乡镇的财务管理水平有待提高。部分乡镇干部对财务制度理解不深、运用不熟，财务规范化管理水平有待提

升,在预算、审计等方面亟待加强培训。

(三) 基层承接能力和人员匹配还有待提升

一是乡镇在放权赋能中还缺乏承接能力。权力和职能下放需要匹配相应的机构和专业人员,乡镇机构改革还没有启动,在执法、审批等方面缺乏专业的人员队伍。二是村(社区)人员力量薄弱,各乡镇不论村(社区)的大小,基本配备4名实职干部,几乎没有聘用人员,对上要落实乡镇一级十几个部门,对下要负责几千人的服务工作,人手严重不足,落实和推动工作的效果因人手问题大打折扣。三是激励机制不完善。乡镇对村、社区无目标考核奖励,不利于调动和激励村一级干事创业激情。

三、各地放权赋能、扩权强镇的典型做法与主要启示

中国放权赋能、扩权强镇的改革始于对经济发达镇的体制机制改革。2010年,中央编办等6部门联合印发《关于开展经济发达镇行政管理体制改革试点工作的通知》,确定13个省25个经济发达镇开展行政管理体制改革试点,按照扩权强镇的原则,赋予其部分县级经济社会管理权限,并加大财政支持力度。在总结试点工作的基础上,2016年中共中央办公厅、国务院办公厅印发《关于深入推进经济发达镇行政管理体制的指导意见》,提出6项改革任务,即扩大经济社会管理权限、构建简约精干的组织架构、推进集中审批服务和综合行政执法、建立务实高效的用编用人制度、探索适应经济发达镇实际的财政管理模式、创新基层服务管理方式。各地结合自身实际情况,率先在一些经济较发达的乡镇积极探索扩权强镇改革,取得了不少鲜活而宝贵的经验。

(一) 关于放权赋能、扩权强镇的典型做法

1. 以培育"镇级市"为特征的浙江模式

浙江省是我国较早推行"扩权强镇"改革的省份。浙江省经济总量的1/3是小城镇创造的,"一镇一品""一镇一业"是浙江省块状经济的典型现象,千强镇的数量连续多年居全国第一,大批经济强镇实力甚至可以和县级市相匹敌。然而强镇的经济社会管理仍然停留在传统小集镇层面,基础设施、公共服务严重滞后,乡镇治理结构与区域发展的矛盾日益突出。2007年,浙江省深入实施"中心镇培育工程",颁布《关于加快推进中心镇培育工程的若干意见》,把财政、土地、行政执法、投资项目核准等10项经济社会管理权下放给141个中心镇。从2010年开始,浙江省在27个镇开展小城市培育试点,加快实现特大镇向小城市转型发展,积极推进保留镇级建制、赋予县级经济社会管理权限的体制改革。同年,浙江省颁布扩权强镇改革指导意见,赋予小城市培育试点镇必需的县级经济社会管理权,对其

他中心镇，赋予镇域范围内经济类项目核准、备案权，并在市政设施、市容交通、社会治安、就业社保、户籍管理等方面赋予其社会管理权。例如，在浙江省较早开展改革的绍兴市，把环保、安检、劳动和社会保障、林业等执法部门的检查、监督权及部分审批处罚权委托给专门成立的镇综合执法所，其中涉及审批及处罚的事项，盖章权在县主管部门。浙江省扩权强镇改革效果显著，27个试点镇投资实现30%以上的增长，GDP增速达12%以上，财政收入增长超过18%。总之，浙江省的扩权强镇改革率先在从镇到城的转型发展中，探索建立一套适合小城市发展的公共管理与公共服务体制机制。

2. 以简政强镇事权改革为特征的广东模式

2009年，广东省在"先行先试"的战略定位下决定选择在佛山市4个镇率先推行简政强镇事权改革试点工作，并逐步在全省推开。2010年，广东省颁布《关于简政强镇事权改革的指导意见》，明确改革的设计要强调不同性质的镇要突出不同的职能重点，主要分为3类：农业比重较大、经济欠发达的镇，要着重加强为"三农"服务职能，加强农村服务体系建设。而工商业和城镇化发展到一定水平、经济规模中等的镇，要加强社会管理和公共服务职能，着力解决工业化和城镇化发展进程中的各种问题，维护社会和谐稳定。对于那些常住人口多、经济规模大的镇，要适应现代城镇的特点和发展规律，强化市场监管、公共服务、市政管理、生态保护等方面的职能。在具体的机构和人事改革上，突出"简政"的改革精神，强调改革的针对性，不同规模的镇在综合性办事机构设置上有不同的规定，并严格核定乡镇机关人员编制。按照综合指数对建制镇重新分类，分为一般镇、较大镇、特大镇等，并明确规定不同规模乡镇的行政编制限额。对常住人口多、经济总量大的中心镇或特大镇，重点在产业发展、规划建设、项目投资、安全生产、环境保护、市场监管、社会治安、民生事业等方面全面扩大管理权限。广东模式一方面在科学分类的基础上有针对性地推进改革；另一方面严格机构人员限额的"简政"色彩，也是广东省相比其他地方的扩权强镇改革的主要创新点。

3. 以"前台+后台"创新基层治理为特征的江苏模式

江苏省扩权强镇改革启动稍晚，但却结合实际情况，逐渐形成了"前台+后台"式新型基层治理体制。所谓"前台"，是直接面对基层群众、企业及其他社会组织的镇综合执法局和便民服务中心等"窗口"机构，主要承担基层政府的综合行政执法和公共服务功能；而"后台"则是经过整合设置后的镇政府其他职能机构，主要承担管理决策和监督功能。"前台"与"后台"之间既相互联系又相互制约、既相互促进又相互补充。"后台"为

"前台"提供政策指导并及时传递相关工作信息,"前台"直接履行综合执法和便民服务职能并接受"后台"的指挥与监管。以江苏省改革试点样本昆山市张浦镇为例,通过扩权强镇改革,该镇承接和整合了上级下放权限600多项。在"前台服务+后台管理"的新的运转框架下,各类行政许可、审批提速50%以上,实现了300多个项目平均承诺时限2.8个工作日,切实为群众办事提供了方便,有效提升了政府公共服务水平和社会管理效率。

(二)开展向乡镇放权赋能的启示

放权赋能有利于解决乡镇体制管理不完善、"条块"管理不清晰等问题,通过委托授权,势将理顺"条块"关系,解决基层"有权管不了,无权不能管"的窘境,化解镇政府权小能弱责大的矛盾,有利于区、镇两级政府更好地履行行政职能,提高镇一级政府的适应性,同时,会大大提高行政效率,促进政府职能转变。

一是放权赋能要与乡镇的社会经济发展水平相适应。在各地"扩权强镇"的发展经验中,权力下放的对象主要是强镇,传统体制下强镇为满足社会经济发展所匹配管理权限已远远不能满足,进行放权赋能改革需求更为强烈。各地乡镇的经济社会发展水平差距较大,要按照循序渐进、确需、合理、条件具备的原则,权力下放的数量和尺度要把握好,需要一批下放一批,成熟一批下放一批。

二是要以问题为导向,明确放权赋能的主要目标。每个地方乡镇社会经济发展的水平和特征不同,放权赋能的侧重点和目标会有差异。给乡镇放权赋能要深入剖析发展所面临的主要问题和制约因素,因地制宜开出药方。开展乡镇放权赋能要瞄准当前乡镇权、责、能不匹配的矛盾,激发乡镇发展活力和动力。

三是要关注乡镇对权力的承接能力及权力监管问题。权力是把双刃剑,如果运用恰当,能够为群众提供更多、更优质的服务,充分发挥乡镇政府应有的职能。如果未能得到有效控制与承接,扩权不仅难以强镇,不能实现预期目标,还有可能适得其反,给经济社会发展带来负面影响。在乡镇放权赋能改革中,既要"能放则放",更要对乡镇社区机构、人员进行重组,加强财政支持,确保"放得下,接得住"。同时,不能"一放了之",为乡镇政府编制新的"权力清单"的同时,还要建立与之相一致的"责任清单",做到依法赋权、依法管权,各部门要加强对乡镇的指导,将权力有效纳入群众和上级的监控。

四、依法依规向乡镇放权赋能的意见和建议

结合当地乡镇社会经济发展实际,对乡镇放权赋能可以下放行政执法

权、审批权为重点，赋予乡镇适当的社会经济管理权限，从而提高乡镇社会管理和公共服务能力。

（一）进一步明确乡镇的职能定位

一要坚持分类定位原则。根据空港新城规划和建设时序，可将调研的12个乡镇分为3类，一是位于起步区、快速城镇化的乡镇，这些乡镇要突出城镇和社区管理职能；二是大部分区域，是远景规划用地，今后一段时间内以农业和生态景观为主，这些乡镇除了传统的经济社会管理职能外，要更加强调在推动乡村振兴方面的作用；三是既有近期拆迁又保留部分远景用地的乡镇，这些乡镇需要承担的职责更多，既要加强城镇管理，又要兼顾乡村发展。二要进一步梳理乡镇在组织建设、公共服务、民生保障、经济发展、规划建设、公共安全、社会事业、城镇管理等方面责任清单和权力清单，明确权力下放后的运行程序和权责关系，确保下放权力接得住、用得好，实现权力、责任、效能有机统一。

（二）加快推进乡镇机构创新改革

一要根据街道（乡镇）职能定位和精简统一效能原则，在各乡镇优化设置党政办事机构和事业机构。二要允许乡镇综合考虑人口规模、面积大小、规划发展等因素，可自行设置适合乡镇发展管理或推进重大工作任务的特色（项目）事业机构。三要优化乡镇用人用编，在地方机构编制限额内，增强乡镇对人员聘用的灵活性，充分放活乡镇对临聘干部的使用权限。

（三）理顺乡镇的"条块"关系

一要根据工作需要，相关职能部门向乡镇派驻综合执法、市场监管、司法等机构，强化社会管理、公共服务等职能。二要健全公安派出所设置，强化警力配置，支持做好社会治安、信访维稳、土地纠纷等突发事件，维护好基层稳定。三要派驻机构纳入乡镇工作体系，按有关规定接受乡镇的领导、管理和考核。派驻机构主要负责人的任免充分征求乡镇党委意见，派出所所长可兼任乡镇党委委员，司法所长列席党政班子会议。

（四）进一步下放行政审批和执法权

按照能放就放的原则，成熟一批，赋予一批，充分授予乡镇相应事务的权限。一要结合乡镇机构改革，按照"统一签订委托协议、统一规范操作流程、统一组织业务培训、统一授牌授印"的要求，采取委托执法方式，研究下放环境监察、市容秩序、户外广告及招牌、油烟噪声、水务河道、拆违治违、工地扬尘噪声及建筑垃圾处置、交通运输、海事行政、市场食药质检等执法权。二要推进审批服务便民化，按照能放尽放的原则，深入推动下放农业、林业、民生等领域的行政审批和公共服务事项权限。三要简化农房建设审批等审批流程，进一步明确审批主体和乡镇审批权限，实现群众就近能办、多点可办、少跑快办。

（五）优化财政资金管理和使用

既要遵守预算管理、财政制度等规定，也要兼顾乡镇解决群众实际困难，处理应急问题的实际需求。一要增强乡镇在应急、救济等资金使用的自主裁量权，进一步放宽临时救助、灾害应对、公共安全等方面的资金权限，优化资金使用流程，根据乡镇做好应急项目、工程及信访维稳等工作实际，做到特事特办、急事急办。二要适度提高乡镇的政府采购限额，细化采购管理办法，适当允许乡镇根据实际情况选择采购方式，提高工作效率。三要完善农村小修工程管理办法，确保影响农村居民生产生活的问题得到及时处理，对农村小修项目优化审计流程。

（六）提高乡镇的承接能力和公共服务水平

一要增强乡镇对人员聘用的灵活性。各乡镇根据人口、规模等工作实际制定聘用人员管理办法，报相关部门备案，充分放活乡镇对临聘干部的使用权限，引进专业人才，专人做专事。二要充实村级干部力量，优化村级组织考核管理。加大对村干部的培训力度，提高工作能力，充实村级后备力量。完善用人机制，建立健全考核和保障机制。细化目标考核奖励实施办法，对优秀农村干部，探索适度奖励的形式，调动农村干部工作积极性。三要进一步加强对乡镇财政工作的指导培训，提高预算、资金管理等业务能力，健全资金监管机制，确保乡镇财政工作健康发展。

"看川"乡村振兴——四川省推进乡村全面振兴的调研与思考

农村风险防范化解治理
——以宜宾市"6·17"地震灾后重建镇村样板模式为例①

乡村振兴中,各级基层组织能否对各种风险进行有效防范化解与应对处置,是衡量治理是否有效的一个重要试金石。乡村风险治理不仅是乡村振兴的重要组成部分,也是保障和维持农村社会安全和社会秩序的重要手段和途径。一般而言,农村突发事件大体分为以下四大种类:一是自然灾害;二是农村重大生产安全事故;三是农村公共卫生事件和食药安全事件;四是因利益冲突或矛盾激化引发的农村群体性事件。无论以上哪一类风险都会造成人员恐慌和不安,威胁农民群体的生命健康与财产安全,从而影响农村社会稳定。在乡村振兴战略背景下,农村发展面临的风险呈现传统风险与非传统风险交织衍生演变的态势,表现出复杂性、多样性、多变性、联动性等特征。

四川省是农业大省,地域辽阔,地形气候多样,受地形、地势、地貌等客观因素影响,旱涝、地震、山洪、塌方、泥石流等自然灾害在全省各地时有发生,农村面临的自然灾害风险形势严峻。尤其是近年来,极端天气频发,致灾性增强,风险源叠加,自然灾害带来的连锁衍生、关联复合性加大,农村风险防范治理工作面临很大压力与挑战。以地处川滇黔接合部的宜宾市为例,由于地形复杂,地质构造特殊,历史上多次发生中强破坏性地震,是四川省人民政府确定的地震重点监视防御区。近年来,该地区地震多发频发,呈现震级越来越高、间隔时间越来越短、破坏力度越来越大的趋势。这些年连续发生的破坏性地震造成人员伤亡和重大经济损失,例如,2017年"1·28"筠连地震直接经济损失3.6亿元,2018年"12·16"兴文地震直接经济损失4.12亿元,2019年"6·17"长宁地震直接经济损失达52.68亿元。因此,乡村振兴中如何平衡好发展与安全的关系,做好风险防范治理工作,是对地方政府治理能力的检验与挑战。尤其是在地震灾后重建的特殊窗口期,如何抓紧时机,既要快速高效公平满足灾民转

---

① 钟雯彬博士在宜宾市挂职期间亲历"6·17"长宁地震和灾后恢复重建,本文是对农村风险防范治理的深度思考。

移与安置的紧迫需求，又要高质量地规划和实施灾后重建，既解决当前救灾，又防范未来风险，这是摆在地方各级党委政府面前的一道难题。宜宾市长宁县2019年"6·17"地震灾后重建走出了一条灾后重建与风险防范治理融合的新路子，探索出的一些特色工作与创新做法，可为有关地方做好乡村自然灾害风险治理提供参考。

一、基本情况

2019年6月17日22时55分，宜宾市长宁县（北纬28.34度，东经104.90度）发生6.0级地震，震源深度16千米。地震序列类型属震群型（多震型）。地震造成16.8万人受灾，13人遇难，226人受伤，紧急转移安置15 897人。地震造成烈度6度以上区域居民住房、基础设施、公共服务系统、产业发展、居民家庭财产等方面的直接经济损失共计52.68亿元。此外，地震还对当地文旅产业、地质环境和自然资源等造成不同程度的损害。

本次长宁县6.0级地震为宜宾市有历史记录以来最大震级，同时，还发生了5.1级、5.3级、5.4级、5.6级4次较大余震，震害重、余震强、地震多、波及范围广。该区域经过多次中强破坏性地震，形成震害叠加效应，导致长宁县6.0级地震震害加重。本次地震体现出如下主要特征。

一是地震烈度大。此次地震震级为6.0级，最高烈度为Ⅷ（8度），均超出了宜宾市历史记录。其中烈度Ⅵ（6度）以上区域包括6个县（区）61个乡（镇），总面积3 058平方千米，总人口173.7万人。

二是灾害损失大。此次地震导致城乡住房倒损非常严重，震中双河镇C级、D级危房房屋占房屋总数比例达96%。全市城乡居民住房倒塌1 118户，严重损坏2.37户，一般损坏4.2万户。直接经济损失52.68亿元中主要包括城乡房屋损失22.68亿元，道路等基础设施经济损失18亿元，教育、医疗卫生、文化、广电等公共服务系统经济损失5.73亿元。

三是转移安置群众数量大。此次地震受灾最严重的长宁县双河镇、珙县珙泉镇和巡场镇3个镇均是2个县的新老县城，也是历史上的煤炭、盐卤的抽采区，人口多、工矿企业集中。累计紧急转移安置受灾群众8.4万人，集中安置3.2万人。

四是社会影响大。此次地震人员伤亡、财产损失较大，社会关注度非常高。从2013年长宁县双河镇4.8级地震后，该区域连续发生多次5级左右地震，并且呈现震级越来越高、间隔时间越来越短、破坏力度越来越大的趋势，社会关注度非常高。特别是余震频发、震级时有起伏。有关专家认为该区域可能存在隐伏断层构造，未来潜在地震危险性评估还需深入研究，一定程度上增加了社会关注度和影响。

此次地震受灾最严重的是宜宾市的长宁县和珙县。长宁县位于四川盆地南缘、宜宾市腹心地带，面积1 000.2平方千米，是风景名胜蜀南竹海所在地、著名的长寿之乡，2018年常住人口34.70万人。珙县位于宜宾市境南部，面积1 149.5平方千米，是川滇黔接合部宜宾市半小时经济圈的重要组成部分，是四川省重要的能源、建材、化工基地，2018年常住人口37.91万人。

地震发生后，党中央、国务院高度重视，习近平总书记作出重要指示，李克强总理等中央领导同志分别作出批示。时任四川省委书记彭清华、省长尹力等省领导多次作出批示，第一时间深入灾区指导抗震救灾和灾后恢复重建工作。中央有关部委和省直有关部门负责同志积极指导抗震救灾、帮助灾后恢复重建。宜宾市各级党委政府深入贯彻落实习近平总书记重要指示精神和省委、省政府决策部署，第一时间科学有序组织抗震救灾，做到灾情初核、人员抢救医治、受灾群众转移安置、基础设施抢通、信息对外发布、灾后恢复重建启动"六个及时"，把灾害损失降到最低。

2019年7月8日，"6·17"长宁县强烈地震抗震救灾工作全面转入灾后恢复重建阶段。按照中共四川省委、四川省人民政府对灾后恢复重建有关工作进行的安排部署，宜宾市作为重建主体，积极推进灾后恢复重建，组成了由宜宾市主要领导任主任的灾后恢复重建委员会，及时启动恢复重建规划编制工作。按照实事求是的要求，进一步核查灾情，科学评估灾害损失，为编制完善灾后恢复重建规划奠定了基础。规划范围按地震烈度6度及以上受灾区域进行编制，重点突出城乡居民住房恢复重建，学校、医院等公共服务设施恢复重建。规划期为2年，并与"十四五"规划相衔接。

二、灾后重建与风险治理融合的基本做法

（一）结合地震灾害损失评估充分摸底风险隐患

鉴于此次地震灾区的特殊性和当地社会、经济、自然生态环境、地质基础条件，同时，为了全面摸清面临的不确定自然灾害风险的基本情况与抗御能力底数，此次灾害损失评估以乡镇为评估基本单元，重点对受灾人口情况、房屋、居民家庭财产、基础设施、产业、公共服务系统等实物损失进行评估。在完成灾害范围评估、灾害毁损实物量评估和灾害直接经济损失评估的基础上，综合利用各类数据以及实地调查和查灾、勘察、鉴定等多种手段，对灾区尤其是广大农村地区面临的风险隐患，以及乡村住房、基础设施、基本建设等抗灾韧性的基本情况进行全面排摸和掌握，对相关重建县、镇、村底子薄、欠账多、条件差、风险高的基本底数有了清醒认识，为灾后重建规划编制与政策制定的精准科学做好了基础工作。

（二）科学编制灾后恢复重建规划

宜宾市坚持规划先行，市发展和改革委员会同受灾县抽调专人成立实施规划编制专班，在四川省发展和改革委员会专家组指导下，充分借鉴芦山地震、九寨沟地震灾后恢复重建规划经验，邀请行业专家，召集相关部门多次会商讨论，形成《宜宾长宁"6·17"地震灾后恢复重建实施规划》。此次规划坚持和发展灾后恢复重建新路，结合城乡融合发展、乡村振兴、县域经济发展、乡镇行政区划调整、生态建设、风险防范等，明确"以人为本、改善民生，生态优先、绿色发展，因地制宜、科学重建，恢复为主、兼顾提升"的重建原则，确定"用两年时间全面完成灾后恢复重建任务，实现灾区建设幸福美丽新家园，促进民生保障新提升，形成城乡建设新面貌，实现生态环境新改善，构建特色产业新体系"的重建目标，提出"城乡居民住房、公共服务、城乡建设和基础设施、生态保护和地质灾害防治、特色产业"五大类重建任务。按照"以灾定损，以损定建"原则，将项目分为恢复重建、发展提升两大类，其中，恢复重建类项目纳入目标考核，2年内必须完成；发展提升类项目聚焦交通大环线建设、产业转型提升、城镇体系完善及生态环境修复等领域，着眼长远发展。将灾后恢复重建与乡村振兴、产业发展、脱贫攻坚、风险治理等结合，充分利用灾后恢复重建提供的发展机遇，把防灾减灾预防准备问题纳入项目规划中，因地制宜编制长宁县、珙县灾后恢复重建项目规划和发展提升项目规划，推动灾区可持续发展。

编制灾后恢复重建规划时，在受灾最严重的长宁县双河镇、珙县珙泉镇鱼竹村，宜宾市借力国内高水平专业机构，结合灾区实际与重建定位，高标准开展设计，重点规划建设长宁县双河镇古城文博综合体、珙县"洛浦新寨·鱼竹人家"两大灾后恢复重建示范点，全力打造乡村振兴新样板。邀请上海同济城市规划设计研究院，按照"文旅融合、产业提升"理念深挖文化内涵，编制形成以长宁县双河镇古城历史街区保护、美食田园综合体、乡村振兴片区等修建性详规为主要内容的长宁县重建规划，深挖双河镇竹文化、盐文化、凉糕文化等优秀历史文化资源，努力把双河镇建设成为文化旅游和现代服务发展示范镇。双河镇灾后重建规划提出以重建山水历史名镇、竹业生态绿镇、味创文旅原镇为目标，以建设"两海驿站·人文双河"为抓手，深入挖掘双河镇优秀历史文化并融入灾后重建。邀请中国城市规划设计研究院，按照"三区融合、转型发展"理念，遵循历史传承，响应群众期盼，编制形成珙县县城新空间战略规划、老城区提升改造规划、居民集中安置点详细规划、鱼竹村乡村示范点规划等成果。按照"洛浦新寨·鱼竹人家"的总体规划，大力实施聚居点、洛浦河水环境综合治理、公路加宽黑化、党群活动中心、文化广场等项目建设，呈现鱼竹村灾后恢复重建新风貌。同时以聚居点、村党群活动中心、文化广场等为依托，合理规划建设"乡村党校"示范点，融合文明实践中心、道德讲堂、志愿服务站、集体荣誉榜、文化长廊等基础设施；建设灾后恢复重建感恩纪念堂，用震前村庄、抗震救灾、恢复重建、鱼竹新貌等"四个篇章"反映群众在灾后自强不息、重建家园的历程和成效。

(三) 合理设定灾后恢复重建目标

宜宾市把保障民生作为灾后恢复重建的出发点和落脚点，加快城乡住房、公共服务和基础设施恢复重建，全面改善灾区群众生产生活条件。坚持生态优先，结合灾区独特的自然环境和资源禀赋，把生态环境保护摆在突出位置，把绿色发展理念融入灾后恢复重建全过程，强化长江经济带、自然保护区、风景名胜区的修复保护力度，持续推进生态建设。坚持产业为重，按照"宜工则工、宜农则农、宜商则商、宜旅则旅"的原则，大力培育和发展灾区特色产业，实现可持续发展。持续推进风险治理。综合考虑灾区环境容量和资源承载能力，坚持因地制宜，优化布局生产空间、生活空间和生态空间，有效避让灾害风险区和隐患点，合理安排重建用地规模。科学确定重建方式和建设时序，坚持统筹推进，加强部门与部门、部门与县（区）之间的沟通协调，以速度、质量、安全、环保、廉政、稳定"六位一体"的要求，加强项目工程管理，推进重建项目建设。实行灾后恢复重建任务节点控制，按照"一年基本完成，两年全面完成"的总体时序目标，分类锁定2019年9月、2020年春节以及2020年3月、6月、9月等重要时间节点的项目开工率和完工率。

(四) 快速形成灾后恢复重建政策体系

宜宾市充分借鉴"4·20"芦山地震、"8·8"九寨沟地震灾后恢复重建政策和做法，1个月内制定颁布了地震灾后恢复重建实施意见及过渡安置补贴、住房重建补贴、住房重建担保贷款、土地增减挂钩、农村新型社区规划选址等"1+5"核心保障政策，印发了资金管理、物资保障、质量安全、作风纪律要求等30个配套执行文件。各受灾县（区）制定相应的具体操作细则，为灾后恢复重建工作提供了切实有效的政策体系。

(五) 明确灾后恢复重建的重点任务

确立了城乡居民住房、公共服务、城乡建设和基础设施、生态保护和地质灾害防治、特色产业等五大重建任务。一是城乡居民住房恢复重建。城乡居民住房包含农村居民住房和城镇居民住房两部分。农村居民住房在尊重受灾群众意愿基础上，结合土地增减挂钩措施，采取原址重建、集中重建、易地搬迁等多种方式，引导农村人口相对集中居住。二是公共服务恢复重建。根据城乡规划和人口分布情况，加快受损公共服务设施恢复重建，逐步完善基本公共服务体系，推进教育、医疗卫生、文化体育、社会保障等民生事业发展。三是城乡建设和基础设施恢复。完善城乡建设规划，加快恢复交通、农田水利、能源通信等基础设施功能，实施生命通道和旅游环线工程，改善基础设施条件。四是生态保护和地质灾害防治，以地质灾害防治、生态保护与修复为重点，强化防灾减灾能力建设、污染防治、工矿区治理，恢复提升灾区生态功能，筑牢长江上游生态屏障。五是特色产业。充分挖掘丰富的文化旅游资源、农林资源等，着力延伸产业链、价值链，积极培育生态文化旅游示范区，加快构建以文化旅游业为主导，以特色农业和林业、精深加工业为支撑的绿色产业体系。

双河镇把基础设施建设作为灾后重建的重要抓手，借力灾后重建全面提升基础设施建设水平，规划建设一批着眼长远发展的基础设施建设项目。截至当年年底，抢险救灾生命通道、森林防火通道、农村分散式供水、城镇集中供水、防灾减灾等建设项目开工率100%，供水、供电、燃气、通信、广播电视已恢复到震前水平，农村水利设施快速恢复，生态重建和环境保护齐抓并举，应急救援体系建设和防灾减灾能力明显增强。

（六）充分发挥受灾群众在灾后重建中的主体作用

灾后重建涉及群众的切身利益，每一项重建规划和重建项目都要遵循"以人文本"原则，倾听群众心声，充分考虑群众的意愿和诉求，受灾群众在灾后重建中参与的程度越深，灾后重建的效率与质量越高。此次长宁县"6·17"灾后重建工作推进过程中，推行"一个村（一栋楼）一个自建委"工作模式，成立自建委357个，吸纳受灾群众1 400余名，充分发挥受灾群众重建家园的主体作用；基层政府坚持"自主、自愿、自治"原则，以村（社区）为单位组成建房委员会，把知情权、选择权、管理权、实施权和监督权交给群众，让群众参与方案制定、资金管理、施工单位选择、物资调配、施工质量全程监督的全过程管理，有效促进城乡住房恢复重建的高效推进。

重建过程中，鱼竹村成立自建（自管）委员会，引领村级治理，夯实乡村振兴之"基"。为做好新村聚居点建设管理，成立由村"两委"干部、社长、村民代表组成的聚居点自治管理小组，制定完善《鱼竹村聚居点管理条例》，明确房屋风貌、环境卫生等具体要求。在全村聚居点创新"一元钱物管费"社会治理新机制，通过实行每人每月交1元管理费作为聚居点治理基金，用于聚居点公共基础设施维护，努力把鱼竹村14个聚居点建设成为和谐有序、绿色文明、创新包容、共建共享的幸福家园。成立志愿服务队。整合党员、乡村教师、退伍军人、返乡创业人士、热心人士、乡贤人士等，组建鱼竹村学雷锋志愿服务队，志愿者进行网上登记注册，在村开展志愿服务活动。牵头成立道德评议会、红白理事会、禁毒会、村民议事会，倡导培育良好乡风乡俗，成为灾后重建"智囊团"和"助力军"。

（七）排查化解社会矛盾，做好灾区群众工作

坚持把灾区安全稳定作为重中之重，市领导带队深入县、乡、村了解灾区群众实际困难，帮助协调解决灾后恢复重建中有关问题，及时化解矛盾纠纷。县（区）组织驻乡镇、村（社区）群众工作队，通过发放"政策明白卡""算账明白表"、派出政策讲解员、召开政策宣讲会等方式，向群众讲明讲透重建政策。舆情管控和社会维稳指导组制定"1+4"工作方案，即1张任务分工清单、4项工作制度（联络员制度、日报告制度、定期和不定期分析研判制度、督导工作制度），到基层开展工作指导。网信、公安、信访广泛收集线上线下舆情，理性引导，依法处置。公安机关在灾区投入充足警力，严防灾区违法犯罪行为的发生；工会、团委、妇联、残联等部门联合开展关心关爱行动，司法部门积极开展法律援助，保障灾区生产生活秩序良好，社会面和谐稳定。社会组织在灾区开展感恩教育活动，积极营造感恩奋进、自力更生、艰苦创业、团结一心建设幸福美丽新家园的良好环境。

三、启示与思考

（一）乡村振兴中要重视化解农村各类风险

在乡村振兴战略带来的快速发展进程中，农村面临传统风险与非传统风险的交织演变，各种不确定因素和未知风险不断增加。由于长期以来防灾减灾意识不足，安全文化欠缺，加之底子薄、基础差、欠账多，乡村灾害治理水平较低，在各种突如其来的自然和人为灾害面前，农村往往表现出极大的脆弱性。因此，如何提高乡村面对不确定性因素的抵御力、恢复力和适应力是乡村治理要重点思考的问题。预防是最经济、最基础的应急管理工作，基层是防范化解重大风险的第一道关口。要以防范化解各类风险为抓手，用改革的思维破解基层治理难题，以加强党的全面领导为统领，构建"全民防灾"的基层应急管理工作格局，推动公共安全重心下移、力量下沉，服务基层、服务群众。要进一步做深做实乡村基层组织，积极推广党建引领基层社会治理机制。要完善基层风险评估机制，建立重大风险隐患台账，制定相应的分级管控和动态监测方案。要加强基层风险沟通和灾害预警工作，拓展灾害预警手段，完善预警响应程序，解决灾害预警发布"最后一公里"的难题。要坚持和发展新时代"枫桥经验"，推行矛盾纠纷多元化解机制，做到"小事解决在村社、大事化解在乡镇"，第一时间、第一现场在基层发现问题、消弭隐患。

（二）提高乡村基层基础设施抗灾韧性

针对乡村灾害治理基础比较薄弱的现实，提高基层关键基础设施、农村住房和重点场所的安全韧性，建设"韧性乡镇""韧性乡村"，重点改变农村灾害和突发事件不设防状况。要以乡镇基础设施抗灾能力、农村住房设防水平和抗灾能力评估为切入点，提高基层重要设备设施和应急避难场所抗御常见突发事件的能力。加强乡镇，特别是人口密集场所和工业区等高风险地区的公共安全基础设施配备及建设，进一步提升工程减灾和基础治理能力。住建部门把好房屋设计、建筑质量关，自然资源部门把好选址关，避开地震断裂带和地质灾害多发区，提高城乡房屋抗震设防能力，降低灾害承灾体的脆弱性。

此外，还要进一步提高应对突发事件的保障能力。为适应复杂条件下有效应对各种突发事件的需要，要按照"宁可备而无用、不可用时无备"的要求，有针对性地储备应急物资装备，确保关键时刻应急资源"备得有、找得到、调得快、用得好"。

（三）注重恢复重建过程中乡村防灾减灾能力提升

地震灾害的发生，容易诱发一系列诸如崩塌、软土震陷、滑坡、泥石流、地裂缝等地质次生灾害的发生。地震灾害持续时间一般较短，造成的危害和影响较易评估，而对次生灾害的发现、预防、损失估算、处置则会持续很长时间。因此，对灾区可能出现的次生灾害，必须长期高度关注，进行科学评估。对于一些高风险区域要严格监管、及时预警、妥善处置，以避免灾区再次遭受次生灾害的打击。

进一步提高灾区对自然灾害的综合防范和抵御能力，也是灾后恢复重建工作的重要内容。对地震重点监控防御区域的防震减灾措施要进一步强化，对于农村住宅和乡村公共设施必须严格执行规定的抗震设防标准。要适当提高学校、医院等公共场所的抗震设防标准，在公共场所设立相应的逃生通道和避难场所。还需进一步增强公众的防灾减灾意识，在各级各类学校、农村广泛深入宣传防灾救灾的基本知识，加强逃生避险、自救互救等基本技能的学习和演练。

（四）合理布局产业结构，促进可持续发展

灾区恢复重建任务紧迫艰巨，既要保证经济社会的恢复重建，又要防范风险，还要实现生态系统的恢复重建。需要在全面排查风险隐患的基础上，合理布局产业结构，实现资源的优化和有效配置。产业布局的优化和调整可以借鉴主体功能区建设的思路，从灾区的现状和统筹发展

的要求出发，摸清灾区的环境、资源现状和承载能力以及发展潜力等，针对区域内不同的生态环境和经济社会特征，划分不同的主体功能区，有针对性地分类指导，推进重建项目。对于生态环境脆弱区和地质灾害风险区，以保护修复生态系统为首要目标，进行适度开发。对于适宜开发区域，根据灾后实际的环境资源承载能力，进行科学的灾后评估，因地制宜地开展恢复成本低、恢复周期短、次生灾害风险小的项目，以促进灾区生产生活尽快恢复和经济社会的可持续发展。对于可以重点开发的区域，可制定优惠的特殊政策，激励和吸引项目投资，加快这些区域的经济社会发展。

（五）激励多元参与灾后恢复重建与乡村风险治理

灾后重建与风险治理的融合工作是一项复杂系统的长期工程，在发挥政府主导作用的同时，社会组织、企业、公民是不可或缺的重要结构性资源。尤其是社会组织，可以发挥非常重要的作用。地震灾害发生后，基层农村面临的矛盾、问题较之于震前可能更加复杂和突出，防范化解矛盾任务非常艰巨，更需要发挥基层社会组织的优势，在政府、群众、其他社会资源和社会力量之间搭建起桥梁，协助政府更好地推动恢复重建工作。由于社会组织具有行动优势，便于深入灾区一对一地与灾区群众沟通交流，有助于全面了解个人、家庭的受灾情况、面临的困难和压力、可调动的社会资源等，科学评估受灾群众的需求，了解潜在的矛盾和风险，为政府和群众之间的信息沟通搭建有效途径，有助于加强政府与群众之间的对话，提升政府决策的精准度。因此，政府部门要构建并充分用好协调机制，支持、激励、引导好各类社会力量参与灾区重建，增强群众在灾后重建中的话语权，完善社会力量和市场的参与机制，进一步改进灾后恢复重建和风险治理体系。

多措并举提升乡村治理能力[①]

加强和改进乡村治理，要学习运用"千万工程"蕴含的发展理念、工作方法和推进机制，突出抓基层、强基础、固基本的工作导向，健全党组织领导的自治、法治、德治相结合的乡村治理体系，加强农村精神文明建设，确保农村社会稳定安宁，切实提升乡村治理水平。

一、强化党建引领

基层党组织在乡村治理中发挥了领导作用，为乡村振兴战略的稳步推进、乡村治理现代化水平的不断提升提供了强大的政治保障和组织保障。一是建好建强农村基层党组织，加强村干部队伍建设。火车跑得快，全靠车头带。农村基层党组织是领导农村各类组织和各项工作的"火车头"。2022年，全国村"两委"集中换届完成后，村"两委"干部进一步年轻化，学历水平和致富带富能力整体提高，对加强和改进乡村治理，提升乡村善治水平发挥了重要作用。据统计，集中换届后村"两委"成员高中（中专）以上学历的占74%，提高16.7个百分点；村党组织书记大专以上学历的占46.4%，提高19.9个百分点；村党组织书记中致富带富能力较强的占73.6%，提高23.6个百分点；村"两委"成员平均年龄为42.5岁，下降5.9岁；村党组织书记平均年龄为45.4岁，下降3.9岁。要围绕村干部队伍能力建设，加大培训力度，提升管理和服务效能。加强村干部后备力量，尤其是村党组织带头人后备力量的培育储备，健全选育管用机制，确保后备力量"源头活水"。二要推动解决基层治理"小马拉大车"的问题。"上边千条线，下边一根针"。乡和村这两级职责多、权力小、担子重。乡镇是国家政权的"神经末梢"，也是党和国家各项决策落实的"最后一公里"。然而，乡镇普遍面临着"事在下而权在上""看得见的管不着，管得着的看不见"等治理能力弱化问题，难以承接下移的资源、管理和服务。推动乡村治理重心下移，尽可能把资源、服务、管理下放到基层。2024年

---

① 原文发表在《农村经营管理》2024年第3期。

中央一号文件提出要"加强乡镇对县直部门派驻机构及人员的管理职责，加大编制资源向乡镇倾斜力度，县以上机关一般不得从乡镇借调工作人员"，切实保障乡镇"有人干事"。推广"街乡吹哨、部门报到"等做法，理顺基层"条、块"关系，推动县乡村联动，简化工作程序，提升治理效能。健全基层职责清单和事务清单，明晰县乡村等不同层级和相关部门的职责边界，形成规范化的制度办法。在实践中，有些地方通过编制村级自治清单、依法协助政府工作事项清单等，有效厘清了各级部门和村级组织的权责边界，明确村级组织必须做的、不用做的、需要配套资金才能做的等，有效减轻了村级负担，让基层把更多精力放在联系群众、服务群众上。

二、繁荣乡村文化

中华文明根植于农耕文明，农耕文化是我国农业的宝贵财富，是中华文化的重要组成部分。优秀乡村文化能够提振农村精气神，增强农民凝聚力，孕育社会好风尚，发挥着"以文化人"的重要功能。一要改进创新农村精神文明建设。习近平总书记指出，实施乡村振兴战略要物质文明和精神文明一起抓，特别要注重提升农民精神风貌。2018年以来，新时代文明实践工作取得了重要进展，在宣传党的创新理论、开展为群众服务、丰富人民文化生活等方面发挥了重要作用。要推动新时代文明实践向村庄、集市等末梢延伸，促进城市优质文化资源下沉，增加文化产品供给。加强思想政治引领，深入开展听党话、感党恩、跟党走宣传教育活动，增强农民群众对党的拥护。二要加强乡村优秀传统文化保护传承和创新发展。一方面保护好农业文化遗产、农村非物质文化遗产、乡村文物等农耕文化载体。截至2024年，相关部门认定了188项中国重要农业文化遗产、8155个中国传统村落、312个中国历史文化名镇、487个中国历史文化名村，各级重点文物保护单位和非物质文化遗产中，不少项目都位于乡村。另一方面挖掘优秀农耕文化中蕴含的应时守则、父慈子孝、敬老孝亲、兄友弟恭、勤俭持家、淳朴敦厚、吃苦耐劳等精神品格，重构为社会主义核心价值观引领下的现代版"村规民约"，将其内化为价值准则，外化为行为规范。三要促进群众性文体活动健康发展。这几年，一些地方搞的村BA、村超、村晚等"村字号"活动很受欢迎，其中一个重要的经验启示是让农民唱主角。当前，农民精神文化生活总体相对匮乏。繁荣乡村文化生活要"上下"结合，一方面适应农民的现实需求，增强政府文化供给的有效性和针对性，不仅要"送文化"，还要"种文化"，注重培养一支乡土文化人才队伍。另一方面广泛开展群众性文化体育活动，发挥农民主体作用，支持、引导农民群众自发组织开展富有农耕、农趣、农味的文化体育活动，积极营造全民参与的文体活动氛围。不断创新活动形式、内容,注重将各类文体活动与农事农季相结合,与民俗节庆相结合,与农产品展销相结合,精心打造体现地方特色、符合农村传统的乡村文体活动载体。

三、推进移风易俗

近年来,相关部门贯彻落实党中央、国务院决策部署,开展高价彩礼、大操大办等农村移风易俗重点领域突出问题专项治理工作,取得积极进展。但是,天价彩礼"娶不起"、豪华丧葬"死不起"、名目繁多的人情礼金"还不起"以及农村厚葬薄养等问题还不同程度存在。一要强化村规民约的激励约束功能。遏制农村不良风气、降低人情负担,是广大农民群众的心之所盼,要发挥村民自治作用,引导农民群众自觉抵制高额彩礼、大操大办、孝道式微等陈规陋习和不良社会风气。不少地方在村规民约中制定了婚事新办、丧事简办、孝老爱亲等约束性规范和倡导性标准,有的地方还通过"积分制"建立奖惩机制,村民们照此办理,有效刹住了攀比风。二要为农民婚丧嫁娶等提供普惠性社会服务。婚丧嫁娶对老百姓来说都是家庭大事,平时年轻人外出,老年人操持起来有难度,村"两委"要主动关怀,为群众办实事、办暖心事,因地制宜利用村里的文化广场、文化礼堂等各类场所,为农民提供办事场所。有效发挥红白理事会、志愿服务组织等作用,为农民红白事操办提供帮助。三要推动党员干部带头承诺践诺,发挥示范带动作用。"村看村,户看户,群众看党员,党员看支部"。要充分发挥农村党员干部的模范带头作用,带头革除陋习,培育农村文明新风尚。

四、建设平安乡村

农村改革发展离不开稳定的社会环境。一是坚持和发展新时代"枫桥经验"。随着乡村社会转型的不断深入,村民与村民之间、村民与外界之间的经济、文化和社会交往不断扩大,矛盾纠纷呈现新的特点。根据全国农村固定观察点数据,2001年村内民事纠纷平均仅有3.9起,2016年增加到7.3起,2018年为8.4起,2022年达到10.6起,呈现逐步攀升趋势。此外,农村民事纠纷类型越来越多元,原来农村矛盾主要集中在农民负担、征地补偿等,现在则表现在邻里关系、合同劳资、农村养老、医疗事故、土地纠纷、婚恋关系、分家析产、意外伤害、交通事故等多种类型。要完善矛盾纠纷源头预防、排查预警、多元化解机制,切实把矛盾解决于萌芽、化解在基层,防止"小事拖大、大事拖炸"。二是持续打击各类违法犯罪。健全农村扫黑除恶常态化机制,持续防范和整治"村霸"。持续开展打击整治农村赌博违法犯罪专项行动,加强电信网络诈骗宣传防范。三是开展农村重点领域安全隐患治理攻坚。一个时期以来,有的地方自然灾害和安全事故多发,而农村的防灾救灾设施配套不足,农民的自救意识和能力较弱。要加强农村防灾减灾工程、应急管理信息化和公共消防设施建设,提升避险和自救互救能力。四是加强法治乡村建设。一方面加强法治宣传教育,大力开展"民主法治示范村"创建,深入开展"法律进乡村"活动,实施农村"法律明白人"培养工程,提高基层干部群众的法律意识和法治观念;另一方面加强法律服务,加强和规范农村法律顾问工作,教育引导农民群众办事依法、遇事找法、解决问题用法、化解矛盾靠法。

第六部分
农村改革

中国改革开放发端于农村。家庭联产承包制责任制打响了农村改革第一枪，极大地激发了农民的生产积极性，提高了农业生产效率。推动了农产品购销体制的市场化进程，促进了农村经济的多元化发展。农村改革还带动了乡镇企业的崛起和农民工的流动，为推进中国特色农村工业化、城镇化和现代化作出了巨大贡献。新时代，农村改革深入推进，国家粮食安全保障制度进一步健全，农村土地制度改革取得重大进展，农村集体产权制度改革扎实推进，构建新型农业经营体系迈出坚实步伐，农业支持保护制度进一步健全，农业农村绿色发展机制逐步完善，乡村治理体系建设明显加强，城乡融合发展体制机制初步建立，党领导"三农"工作体制机制更加完善，初步建立起农村改革的"四梁八柱"。全面推进乡村振兴，必须用好改革这一法宝。农村改革要坚持守正创新，尊重基层和群众创造，鼓励地方积极地试、大胆地闯。要守牢底线，稳妥推进，保持历史耐心。

四川省是我国农村改革的发源地之一，省委、省政府坚持把农村改革摆在"三农"工作突出位置，农村产权制度改革深入推进，新型农业经营体系加快构建，农业园区建设管理机制探索出新的路子，财政支农方式创新取得积极效果，乡村人才培养使用加大力度，农村改革取得显著成效。本部分的案例围绕"人、地、钱"要素保障和人的思想解放，展现了地方在推进产权制度改革、土地制度改革、农村金融改革、乡村人才培育等方面的做法和经验。

【实践调研】

成都高新区"七权同确"一张图

长期以来,农村产权存在的权属不清、权利夹缠、证出多门、一地多证等问题,是制约农业农村资产流转、经营的重要原因,极大地限制了生产要素在城乡之间的自由流动,阻碍了城乡的融合发展。2017年4月,成都高新区托管简阳市12个乡镇后,借鉴成都市其他县区的成功经验,积极开展农村产权制度改革工作,采用打通部门职能阻隔、确权过程据实透明、数据成果融合共享、信息化技术和大数据理念相结合等方法,创新性地研发运用"七权同确"数据管理系统,实现了农村集体土地所有权、土地承包经营权、集体建设用地(宅基地)使用权、房屋所有权、小型水利工程所有权、集体农用地使用权和林权"七权同确"一张图,构筑起农村集体产权大数据体系,从而有效解决了数据孤岛、证出多门、一地多证等问题。

一、在工作中强化统筹,开展集中办公

为加强管理,统筹推进,成都高新区成立了农村产权制度改革工作领导小组,管委会主任担任领导小组组长,领导小组下设办公室,负责统筹推进产改工作。首创一体化集中办公,打破原有不同主管部门之间的职责分工界限,将主管部门、作业单位、监理单位以及不动产登记中心等工作人员统一抽调、合署办公,使沟通更便捷顺畅,共享交流更充分,工作效率进一步提高。通过定期交流探讨,共商共议,有效实现了部门间无缝对接,增强决策的及时性,为农村产权制度改革提供了强大的机制保障。

二、以"四个统一""五级同步"夯实产权基础数据

在前期调研中发现,原有确权颁证工作普遍依托相关职能部门各自实施,在确权颁证后,各部门形成了大量基础数据,但没有统一标准和有效整合,数据很难共享和深度开发。为解决此类问题,成都高新区摸索了一套行之有效的举措。一是明确标准,实地测量。为保证农村产权的测量结

果清晰准确，高新区统一部署、同步开展，严格按照"四个统一"（即统一测绘规范、统一信息平台、统一数据标准、统一工作流程）要求，开展实地测量与数据采集，为"七权同确"提供了实践基础。高新区选聘了多个第三方测绘机构，结合高分辨率航空遥感影像，以专业技术手段全面开展土地确权工作。作业队伍深入田间地头、房舍山林，利用精密仪器开展实地测量，实现了权利界线清楚准确、无重叠争议，集体土地家底无缝全覆盖，有效解决了诸如承包地"产量亩"与"实测亩"不符、林权"斜坡面积"与"投影面积"不一致等问题。二是现场指界，有效签字。为保证确权结果真实有效，高新区提出了"五级同步"的确权原则（即乡镇与乡镇、村与村、组与组、农户与农户、权利与权利之间同步开展确权指界），要求权利人和相邻关系人亲自到现场指界，同时邀请村组干部、本集体经济组织老党员等进行见证确认，完善相应台账的填写，形成权籍调查资料，农户现场确认后进行签字，解决了实测过程中存在的权属争议、界限不清等问题。三是民主自治，程序公开。为保证确权公平、公开、公正，遵循村民自治的原则，以村和组为单位分别成立了确权领导小组，召开了村民议事大会，在通过2/3以上村民代表或2/3以上村民同意并签字认可后，经公示无异议，以"村规民约"的方式确定了本集体经济组织的确权方案。同时，高新区将所有的确权测量结果统一图表格式，在村委会或村民小组进行公示，接受群众监督，做到了确权程序让群众参与、确权成果让群众满意。

三、研发"七权同确"数据管理系统

在解决了实地测量和确权程序方面的问题后，参照成都市不动产登记数据建库标准，按照"七权同确一张图"原则，独立研发"七权同确"数据管理系统，将户籍信息、矢量图形及确权台账等基础数据导入管理系统，结合信息化技术手段，融合不同权利类型的确权成果，统一数据管理和开发，更加有效地实现部门间数据共享、业务联动。管理系统可实现以下功能：一是可统一户籍信息，避免了各权利所对应的户籍信息不一致，同时也为农村人口流动、户籍变更等问题建立联动机制；二是可统一基础信息录入标准，通过不断优化和设计系统，提高录入效率和质量；三是可自动进行不同权利间的拓扑错误检查，避免不同权利界线的重叠和遗漏；四是可实现宗地图的辅助标注，可自动动态调取本宗地和相邻宗地的相关信息，并达到相关制图标准；五是可实现相关资料表格的辅助填制，可自动调取资料进行相关文档生产；六是可实现部分数据库入库信息核查分析，提高数据库信息质量；七是可自动按照不动产登记数据库的标准输出可共享交

流的格式文件。

四、健全保障机制，开展长效管理

为进一步完善农村产权制度改革，切实维护农民权益，成都高新区探索建立了长效保障机制。一是建立健全联动协商机制，定期组织各主管部门会商，研究解决农户关心的土地权属变更、土地经营权流转等问题。二是建立健全监督检查机制，设立督查小组，不定期到乡镇、村、组开展业务指导和检查，进村入户开展调查，客观了解农民群众的实际需求。三是建立健全纠纷调处机制，在区、乡镇两级专门设立信访办公室，及时处理群众来信来访，在各村成立调解委员会，现场解决权属纠纷等问题。截至2019年年底，集体土地所有权方面，共颁发《不动产权证书》1 115本；集体建设用地（含宅基地）使用权及房屋所有权方面，共颁发《不动产权证书》30 967本；林权方面，共颁发《不动产权证书》43 326本；土地承包经营权方面，采用修补测的方式颁发《土地承包经营权证》20 850本；集体农用地方面，已完成地块实测调查和图形属性入库共计6 259.05公顷；小型水利所有权方面，已完成地块实测调查和图形属性入库共5 103宗。

"七权同确"一张图实现了集体产权精细化管理，各部门之间数据共享及深度开发，为探索开展集体土地"三权"分置、抵押融资、流转经营以及建设新型农村集体经济等工作，盘活农业农村"沉睡"的资产提供了数据支撑。"七权同确一张图"成果已被应用于成都高新区第三次全国国土调查、农村集体清产核资等工作，下一步还将着力构建完善农村产权配套制度体系和支持保护体系，探索通过农村产权转让、抵押担保、产权入股等方式，赋予农民更多财产权利，推进农村集体产权"资源变资产、资产变资本、资本变股本"。

战旗村敲响四川省农村集体经营性建设用地入市"第一槌"[①]

战旗村位于成都市郫都区唐昌镇西北角,全村辖区面积2.1平方千米,耕地1 930亩,辖9个村民小组,总人口1 700余人,被列为省、市新农村建设重点示范村,荣获"全国文明村"等称号。战旗村抓住农村土地制度改革试点的机遇,在坚持"土地公有制性质不变、耕地红线不突破、粮食生产能力不减弱、农民利益不受损"4条底线的前提下,积极探索兼顾国家、集体、个人的土地增值收益分配机制,规范有序推进集体经营性建设用地入市改革试点。

2015年年初,全国人大常委会正式授权全国33个县(市、区)开展农村土地制度改革3项试点工作,郫都区被确定为集体经营性建设用地入市改革试点,这是战旗村开展集体经营性建设用地入市改革的重要背景。

一是梳理存量,符合两规。战旗村按照试点政策精神,认真梳理村域内符合《唐昌镇土地利用总体规划》和《战旗村村庄规划》、权属清晰的集体建设用地,将已确权颁证给村委会的原战旗复合肥厂、预制厂、村委会老办公楼的存量土地13.447亩作为第一宗集体经营性建设用地启动试点工作。

二是加强宣传,全面动员。2015年8月12日,战旗村召开村民代表大会,就集体经营性建设用地入市试点的目的意义、政策精神、规范程序作专题宣传动员,村民代表一致同意启动改革试点工作。

三是明确主体,股权量化。以2011年4月20日锁定的战旗村集体经济组织成员共1 704人为成员,2015年8月注册成立郫都区唐昌镇战旗集体资产管理有限公司,注册资金1 704万元,每人1万元。以战旗村现任的议事会成员35人作为公司发起人,其他集体经济组织成员的股份由公司董事长代表,村民代表大会授权该公司对村集体资产和资源统一经营管理。

四是规范程序,民主公开。在入市程序上,颁发集体土地所有权证书,入市主体提出申请并编制入市方案,表决通过入市方案,镇人民政府、区国土资源局牵头审查入市方案,区公共资源交易中心组织实施,签订成交确认书及出让时间,缴纳合同价款、土地增值收益调节金等,核发集体土

[①] 2018—2019年,笔者多次到战旗村开展调研。

地使用证，办理规划建设手续。

五是统筹兼顾，分配合理。2015年8月26日，这块地在郫都区公共资源交易服务中心正式挂牌。13.447亩的集体经营性建设用地以每亩52.5万元的价格由四川迈高旅游资源开发有限公司竞得，并现场与郫都区唐昌镇战旗资产管理有限公司签署了《成交确认书》，这是四川省首宗集体经营性建设用地使用权成功出让。成交总额达到705.97万元，在扣除土地整治成本和入市成本之后按照5∶3∶2的比例进行了分配，50%用作村集体的发展资金，30%用作公益性支出，剩下的20%以现金方式发放给村民（图1）。

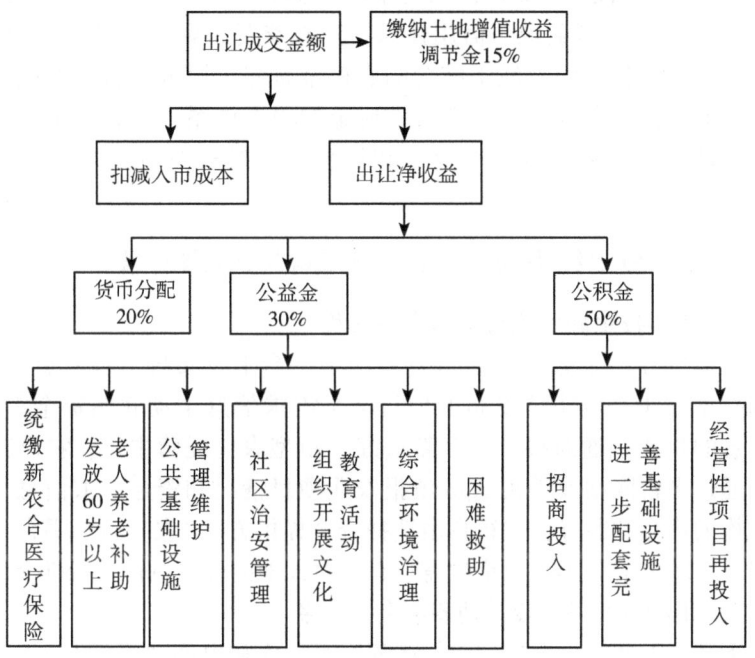

图1 战旗村土地出让收益分配

这是四川省首宗由集体经济组织主导，与国有建设用地同等入市、同权同价的集体经营性建设用地使用权的竞价成交，从而落下了全面深化改革背景下四川省集体经营性建设用地入市的"第一槌"，是四川省乃至全国农村土地改革进程中具有历史性意义的重要事件。土地拍卖完成后，中标方在这里打造了一个情景院落式商业街区——战旗第5季·香境项目。这个项目集乡村民宿酒店、餐饮美食街、特色手工体验坊于一体，丰富了战旗村的旅游业态。

成都市创建"农贷通"平台，
破解乡村振兴融资难题

自2015年7月获批全国农村金融服务综合改革试点以来，成都市以"农贷通"平台建设为突破口，积极探索"互联网+农村金融服务体系"，构建全国首个集"普惠金融、信用体系、产权交易、财金政策、资金汇聚、现代服务"于一体、线上线下结合的农村金融综合服务平台，形成了供给精准、功能完备、全域覆盖的新型农村金融服务体系，开启了全国农村金融改革破冰之旅，为引导金融资本和社会资金投资乡村振兴创造了有利条件。

一、融合线上线下通道，统一布局农村金融网络

（一）用科技金融手段巧解信息不对称

资金提供方（金融机构）可自主在该平台上发布推广涉农金融产品，或根据新型农业经营主体发布的项目资金需求信息主动联系资金需求方，完成信息的快速融通对接。资金需求方（新型农业经营主体、农户）注册后，可通过平台网站或手机App填报农业项目情况和资金需求信息，根据金融机构的产品和服务，进行自由选择资金提供方。"农贷通"平台也可以根据资金需求方的要求，把贷款需求有针对性地向金融机构进行推介。

（二）用线下服务手段推动普惠金融下乡

线下系统按照农村金融、农村产权交易、农村电商"三站合一"模式，在全市乡镇（行政村）建设282个乡镇金融综合服务中心和2 679个村级金融综合服务站。农村金融综合服务站设有便民取款设备，行政村聘请金融联络员负责产权交易登记、农产品信息发布及贷款信息和资料的收集，以熟人社会为基础当好金融机构和农户的中介，为线上系统完善征信信息，农户足不出村即可办理信息采集、融资对接、小额支付、跨行转账、便民缴费、农村电商等多项业务。

（三）用金融大数据手段拓展"三农"融资渠道

依托"农贷通"网络系统，探索建设涉农融资项目库、涉农企业直接债务融资项目库、金融服务和产品数据库，搭建政银企对接服务平台，逐步建立完善农村信息。通过运用现代信息技术，加大对项目库内重点农业

产业化生产基地项目和涉农企业融资需求信息推送,并提供30余种创新性金融产品以及电商、产权交易、收储、担保、评估、仲裁等机构的金融配套服务,促进"政银保企"充分对接,畅通涉农融资渠道。

二、整合社会各方资源,全面激发农村金融活力

(一) 由政府支持化解"不敢贷"

以财政金融支持政策及风险补偿为核心,引导金融机构加大涉农信贷投放。成都市政府设立总规模超过6亿元的"农贷通"风险补偿资金,用于农村产权直接抵(质)押贷款、惠农担保贷款和信用保证保险贷款的风险分担;利用专项资金对在农村地区扩展涉农网点或在农村金融综合服务站设置自助机具的金融机构进行补贴,降低金融机构成本;人民银行积极运用货币政策工具,用于符合条件金融机构的流动性补充或对投向与价格的引导。

(二) 用制度设计解决"怎么贷"

一是以行政村为单位建设村级金融综合服务站,充分发挥村"两委"对本地经济发展的积极性,引导符合条件的申请者通过"农贷通"平台融资,从源头上降低银行信贷风险。二是设立专门的村级金融服务联络员,利用熟人社会形成对贷款农户的"软约束",促进农民自觉守信、合理用信、及时还贷。三是依托"农贷通"平台,大力发展农业保险,通过"保险+银行"的方式,实现不同金融机构的风险分担,减轻资金提供方的风险压力。四是以信用信息数据库及征信服务为基础和操作平台,解决农村金融市场信息不对称难题。整合分散在各政府部门、单位和金融机构的涉农主体信用信息,建立以新型经营主体为对象的信用信息数据库。在此基础上,逐步形成成都市农业经济大数据,为金融机构提供征信产品服务。五是积极开展融资对接和抵(质)押物的市场化处置。推动平台与成都市农村产权交易系统的互联互通,为抵贷资产提供市场化处置手段,解决涉农信贷特别是农村产权融资的瓶颈问题,提升金融机构信贷投放信心。通过以上多层次的机制设计,彻底解决了银行贷款不敢放、不愿放的问题。

(三) 以功能集成实现"不仅贷"

一是农村金融环境得以改善。"农贷通"金融综合服务平台除开展融资对接外,还开发了农产品上线、信息共享、农业政策咨询、产权流转服务等多种功能,真正实现了将农村金融与现代农业发展融合为有机整体,形成以融资促发展、以发展保融资的"三农"金融生态圈。二是社会受益面得以扩大。"农贷通"平台既服务于可以享受风险分担的农户或者新型农业经营主体,也面向广大涉农经营主体或者企业提供普惠金融,只要从事农

业生产或经营便可在该平台上获得相应服务和支持。

三、聚合多元现实需求，有效破解农村金融桎梏

（一）有效整合支农惠农政策

出台《"农贷通"平台融资贷款项目支持目录清单》，对八大类"农贷通"支持项目贷款给予贴息；整合农村产权融资风险补偿基金，建立总规模6亿元的"农贷通"贷款风险资金。截至2017年年底，通过支农再贷款、再贴现工具直接引导金融机构投放涉农贷款（含贴现）63.9亿元。

（二）持续加强农村信用体系建设

建设以新型农业经营主体为主要对象的农村信用信息数据库，与市工商局企业信用信息系统实现对接，采集录入3 515个新型农业经营主体的信用信息。持续开展信用乡镇、信用村、信用户建设，部分区县还创新开展了新型农业经营主体信用评级工作。全市建设信用乡镇117个、信用村1 398个、信用户10.3万户。

（三）逐步完善多层次融资对接机制

建成282个乡镇农村金融服务中心、2 679个村级金融综合服务站，"农贷通"平台已接入228家金融机构（含分支机构）。累计受理贷款37.06亿元，成功放款4 766笔、合计30.98亿元，在线成功放款率高达83%。

（四）不断提升农村金融服务水平

普惠金融服务满意度显著提升，真正实现了"让农户少跑路或不跑路"，由"面对面"迈向"键对键"。农业农村融资成本大幅下降，再贷款、再贴现资金定向投放的涉农贷款、票据贴现加权平均利率分别低至5.57%、3.49%。已基本实现基础金融服务不出村、综合金融服务不出镇。

（五）努力健全农村产权交易及收储体系

区县子（分）公司全面建成，成都农村产权交易所累计实现各类农村产权交易超过800亿元，已成为全国交易规模最大、交易品种最全的农村产权交易所。成立了全国首家农村产权收储公司和专注于农产品仓单质押的仓储公司，构建了覆盖全市的涉农担保服务体系。

一家、两代、三十年——江油市明利家庭农场发展纪实[①]

江油市明利家庭农场位于四川省江油市武都镇海金村，创办于2015年3月，农场现有流转土地1 050亩，主要从事马铃薯、小麦、水稻等粮食和花椰菜等应季蔬菜的种植与销售，先后被评为江油市市级示范农场、绵阳市市级示范农场。

一、父辈：起起伏伏二十年

明利的公公老杨是一位地道、勤劳的农民，年轻时做过很多行业，但总是找不到一种稳定的感觉，儿子出生后，老杨开始琢磨着自己做些事情，经过反复思考，决定专心做农业。

（一）从养殖开始，拓展到种养结合

20世纪90年代初，老杨在自家院里开始搞养殖，养鸡30只、猪16头，在当时算是规模较大的，这样的养殖规模一直持续了10多年。2002年下半年开始扩大养殖规模，鸡存笼达到1 000只。在饲养过程中，一边养殖一边学习，虚心请教，不断积累，一次性售卖成品鸡1 008只，收获颇丰。因采购幼雏成本较高，老杨开始自繁自养，每年的成品鸡出笼扩大到5 000只，赚了一大笔钱。此后，他不断了解市场需求，掌握市场趋势，通过购置优质鸡苗，不断优化养殖品种。

在养鸡过程中，老杨看到鸡吃的饲料很多撒在地上，很是浪费，当时猪的行情不错，于是他就想到用鸡吃剩下的饲料来喂猪，便从2003年开始扩大养猪规模到50头。到2005年，由于鸡和猪都在自家院子里养殖，鸡的疫情频发，造成鸡成活率低，加上收购商压价，销售困难，而猪却相对好销售，就把鸡笼拆了，改建成猪舍，引进外三元母猪和公猪，继续沿用自繁自养模式。到2007年，3年共出栏商品猪1 000头。2007年下半年开始，局部暴发蓝耳病，老杨专程到绵阳请了专家进行防控，效果较好。在防控过程中，专家不断给他传授方法和经验，加上自己不断学习，积累了很多防疫技术。此后，周边大面积暴发蓝耳病，但由于老杨掌握了相关技术，

[①] 本部分由笔者根据郑明利的口述整理。

避免了经济损失,由此也体会到了科学养殖的好处,让老杨对养殖事业更有信心。之后,老杨在当地承包了一所废弃学校,进行了改扩建,走上了规模化养殖道路。

在发展过程中,养殖所产生的废弃物,得不到妥善处理就会造成污染。偶然一次机会,老杨看见老百姓使用养殖废弃物浇灌作物,于是萌发了实施种养结合模式的念头,很快他承包了 30 亩土地种上了香葱,用养殖废弃物来浇灌土地。种养结合既可以降低种植成本,又可以解决废弃物污染问题,做到了种养循环发展。

(二) 在跌跌撞撞中一路前行

2008 年,老杨计划扩大土地种植规模,可是突如其来的地震改变了这一切。家里的住房严重受损,猪舍倒塌,还砸死了 35 头 100 多斤重的猪,直接和间接损失 15 万元。然而日子还要继续,灾后重建是一笔不小的费用,老杨大概算了一下,要几十万元,减去自己现有的积蓄,还有 20 多万元的缺口,他便找朋友亲戚借钱来填缺口。灾后重建期间,生猪养殖也暂停了。

2009 年,老杨花了 35 万元把住房进行了重建。2010 年,重建了猪舍,修了 3 组猪舍,共计 800 平方米,能饲养母猪 30 头、育肥猪 300 头,修猪舍共花了 34 万元。那年当地出台了养殖扶持政策,老杨获得有关补贴 13.5 万元。2010 年 10 月,猪舍重建完工,老杨感觉 2011 年猪市行情应该不错,便新采购了母猪和育肥猪,成了当地的养猪大户,还被评为科技示范户。2010 年年底,气温较常年低,还下起了大雪,猪得病的比较多,没有及时控制住,2011 年养殖损失 22 万元。之后,由于病菌未彻底消除干净,养猪也一直没有起色。

不过种植还在持续,由于积累了香葱的种植技术和经验,收益较好,恰逢 2011 年香葱行情好,年终清算赚了 6 万多元。养殖亏了,种植赚了,老杨决定扩大种植规模。2012 年,老杨在当地流转了 70 多亩土地,但当时资金缺乏,便从银行贷款 5 万元,再向朋友借一些,还欠了农资商一部分,继续种植香葱。在香葱种植上使用了养殖产生的废弃物,老杨盘算着这下土地肥力足够了,这次的香葱绝对能赚钱,确实长出的香葱也没有让老杨失望,绿油油连成片。

马上到了收香葱的日子,老杨早早就安排好了工人,一大早跑到田里去看香葱,不看不知道,一看吓一跳,由于在使用废弃物过程中,忽略了对香葱田间管理和平时观察,不知道什么原因造成香葱大半感染病菌,一夜之间香葱全白了头,看着"真金白银"一下子打了水漂,老杨不知不觉也白了头发,无奈之下,只能把没有生病的香葱全部扯起来集中到一起,把损失尽量降低到最少。能卖的香葱只有 1/3,不赚不说,还赔了钱。接下来还得准备下一季度的生产资料，老杨心理落差很大，情绪低落地回到家。老杨媳妇见此情景，便安慰他说，"没有关系，家里不是还养着猪嘛？等猪卖了，只留买仔猪的资金，剩余的你全部都拿去继续发展种植"。老杨听后，心想自己还没有到绝境，还是可以放手一搏的，于是乎，心里的那股干劲又回来了，他就不相信自己干不成事，接下来又一头扎到田里去了。媳妇在家里养着猪，老杨在外面田里干着活，日子就这么忙碌而充实地过着。

二、子辈：接过父辈手中"枪"

2012年国庆节，上大学的儿子小杨回到了家，看着白了头发的老杨，眼里泛起了泪花，看到父母那么辛苦，自己却不能帮到他们，深感内疚和自责。在家待了几天，心里很不是滋味地回到了学校，并和自己的女朋友（明利）谈起了家里的状况。他们约定，2013年的国庆节一起回老家看看父母。

儿子走后，老杨又一如既往地在农田里忙活着他的种植事业。2014年香葱长势虽好，但行情却极差，卖不出去，看着长势喜人的香葱因无法销售而全部拉出来倒掉，他心里很不是滋味，倒掉的全是投入和心血，老杨内心的痛苦无法言语。

2014年，小杨和明利大学毕业后，各自开始在健身房上班实习。两人在一次深谈中，明利认为自己生长在农村，还是想回农村去，小杨也说自己是农村孩子，加上父母上了年纪，在家里种了那么多土地又不放心。他们也讨论起了国家的惠农政策，以及对农村创业扶持力度很大，回到农村还可以和家人在一起。于是，两人决定把城里的工作辞掉回去结婚，然后创业。

在家人完全不知情的情况下，小杨和明利辞掉工作带着铺盖卷和锅碗瓢盆直接回家了。刚开始家人们都反对，说"送你们上学就是希望你们有一份好工作、一个好前程，结果你们倒好，还是跑回农村来了"。老杨苦口婆心地劝说："娃儿，在农村创业不是那么容易的，你们看看我，这几年折腾，细细算了一下，只出不进，没有任何经济回报，反而还贴出老本，你们俩最好考虑清楚，不要后悔了再怨家人没有提醒你们。"

明利回忆，当时从内心来说，真的没数，回忆父母的点点滴滴，内心特别忐忑，不做，不甘心，做又没有底气，心里就憋着一口气，不能让父母失望，不能让朋友失望，不能让别人看不起，更不能对自己失去信心，再苦再累、再筋疲力尽，一定要做出自己的事业，活出一份属于自己的价值。经一大家子商量，最终一致同意两人在农村创业，家人的支持和帮助，是小杨和明利迈出事业起点最重要的基石。

2015年1月，小杨和明利结婚了。婚后，小两口的干劲很足，他俩通过政府有关部门了解涉农政策和发展趋势，了解到国家对家庭农场的支持力度很大，他们认为发展家庭农场是一个不错的选择。2015年3月，他们成立江油市明利家庭农场。农场想发展，就必须要有土地，通过走访了解到，周边劳动力很多外出打工，家里都剩下老人和孩子，上了年纪的村民不愿意种地的越来越多，很多农田都处于闲置状态。为此，经一家人协商，加之当地相关部门对土地流转给予相关政策支持，他们开始把农场周边闲置的土地流转过来。

为了稳步经营，农场决定种植粮食。2015年10月，在原有70亩土地的基础上又流转了105亩。可是问题又来了，规模扩大了，光土地流转费就得15万元，还有生产资料的投入，资金缺口很大，哪里来那么多资金呢？他们通过政府相关部门了解到，农村创业有一定的补贴，而他们属于大学生返乡创业，当即向当地人力资源和社会保障局申请了补贴2万元，同时当地相关部门告诉他们，大学生创业贷款国家有贴息，这对于刚开始创业的人来说，真是雪中送炭了。了解清楚条件后，他们便准备好需要的资料去银行申请了10万元创业贷款，这样一来解决了资金困难。

为了农场的发展，小杨参加了政府举办的培训，进行了创业课程学习，获得很大收获。他们也改变了发展思路，开始多元化经营。了解到马铃薯的市场需求量大，并且马铃薯是一种适应性广、抗灾能力强、容易栽培的作物，并且产量高、营养价值高、用途广泛、经济效益好，小杨和明利决定在种植粮食的基础上种点马铃薯。马铃薯有很多品种，怎么选到优良品种并适合在当地种植是一个很大的问题。通过网上查询资料、书本阅读以及与当地种子代理商的交流了解，由荷兰引进的品种费乌瑞它可以作为第一阶段的试验品种。为达到高质量产出，他们多次请当地农业专家和技术人员来现场勘测土壤、水源、气候等，并向专家学习种植技术，试种了20亩地。

马铃薯种下去了，销售出去又是一个难题。小杨和明利便开始出去考察市场，到省内外的大型批发市场去蹲点调查，成功寻找到批发商。通过科学施肥、覆膜除草、人工病虫害防治等，人工采收时，马铃薯平均亩产达3 000千克，总产量60余吨。在销售时全部采用批发，由于品质不错，市场反响良好，所种植的马铃薯直接脱销。

2015年的试验成功极大增强了信心，小杨和明利决心再次扩大规模，开辟一条以种粮食和马铃薯为主蔬菜为辅的粮经复合型产业道路。同时，小杨还报名参加了新型职业农民培训。2016年，又流转了170亩土地，当年马铃薯种植 240 亩、小麦 100 亩。随着种植面积的扩大，需要劳动力增多，为节本增效，他们选用小型开沟机替代部分劳动力，还跟批发商合作，采用订单模式，缓解了资金压力。

种植过程并非一帆风顺，2016 年雨季，连着一个多月的降雨给长势很好的马铃薯带来了沉重的打击，导致病虫害大面积发生。由于天气原因，人工不能及时施药，造成病虫害扩散，加上雨水的长期浸泡，马铃薯减产 35% 左右。采收期间，由于雨水较多，道路没有硬化，马铃薯在田里拉不出来，只能改装农机、农具，不通道路的，还要请挖掘机铲平道路，让农机车辆得以通过。

2017 年，新增流转土地 175 亩，当年种植马铃薯 250 亩，其余为小麦和蔬菜。当年销售额过 100 万元，不仅扭亏为盈，还无偿帮助周边想要种马铃薯的村民。为降低成本，增加效益，小杨和明利不断学习先进管理和技术，通过对优秀家庭农场、合作社、农业公司的参观交流，并请专家现场指导，不断自我提升，农场在当地已小有名气。

2018 年，农场继续扩大规模至 1 000 亩，种植马铃薯 300 亩、小麦 300 亩、应季蔬菜 400 亩。思路一变宽，想法就多了。通过分析农场的地理位置优势，小杨和明利觉得很适合发展农业机械化，并且了解到国家对农机有补贴，于是根据需要购买了大型旋耕机、拖拉机、开沟起垄机、打草机、马铃薯种植机、马铃薯收获机、植保无人机等农机设备。农机购置资金中国家补贴占 30%，其余几十万元均为农场自筹。2018 年销售额突破 350 万元，小杨被评为江油市"十佳新型职业农民"。马铃薯采收完后全部种植水稻，选用优质水稻品种，通过水旱轮作的方式来改变土壤结构，在一定程度上预防病虫害的发生。由于农业机械化程度的提高，农场也逐步实现从手工到机械的转变，病虫害防治也从最初的以人力为主发展到以植保无人机为主的绿色防控。

三、进一步交流的几个问题

笔者：为什么要回乡创业？

明利：创业前我和老公都是生在农村、长在农村，除本身对农村喜爱外，还更向往农民朴实的生活，加之我自小有一个农业梦，这个农业梦来源于国外的大庄园和大农场，向往那种田野中自由自在的生活。可创业时，并非那么理想，就像人们常说的现实是残酷的一样。但为了家庭和责任，要面对现实，接过公公手中 70 亩土地，就这样干了起来。

笔者：遇到过什么挫折？有什么解决办法？

明利：要说没有问题，没有困难谁都不会相信，哪有什么一帆风顺。

从一开始就困难重重,首先,就是大家的质疑声,没有人相信我们年轻人能够放弃城里的工作回家种田。其次,在土地流转的时候问题百出,就拿土地面积来说,有老的面积、新的面积、大亩口、小亩口,有修房子、修路占用的,有计算方式的不一样,总之是很让人头疼。老百姓认为你个毛头娃娃懂什么土地,说实话的确不懂,当时是现学现做啊,在当中也吃了不少的亏。后来为避免类似的问题发生,我们便把所有的土地全都自己一块一块重新丈量出来,认真计算。再次,资金困难,前面有提到。

笔者:身边有什么感动的事情以及无奈的事情?

明利:创业初期,我怀上大女儿,炎热的夏天,我挺着大肚子在田间挖土豆,很多时候连午饭都顾不上吃,当时附近的老百姓看到了便来给我们帮忙,并送上吃的,让我先吃东西。怀二女儿的时候是冬天,当时正在进行土豆的田间种植,我离预产期只有几天了,为了能让我早点去医院生宝宝,当时请的工人们竟然加快进度,比我预计的提前了一周结束工作。在一次蔬菜种植过程中,苗育了出来,结果在移栽的时候下起大雨,我急得快哭了,工人们冒雨把原本育了70亩的菜苗想办法多栽进去了一部分,让我减少了损失。当炎热的夏天别人都吃过晚饭遛弯的时候,我还在田间汗流浃背地进行飞防,路过的阿姨们看到我红通通的脸,便给我打起了扇子。总之有很多很多。感慨好人多,但也有些无语的地方,比如,生活垃圾丢在河里、沟里,我一放水的时候田里冲得到处都是,还常常因为垃圾堵住水沟,想要水的地方放不进去水,不想要水的地方,到处都进水了,当时在现场我就崩溃了。冷静下来想想,事情总归要做,慢慢来处理吧。

笔者:做农业有什么体会?

明利:说起来,酸甜苦辣都有,但是让我改变最大的就是打磨了我的心性,锻炼了我的意志,使我成长了许多。做农业的这几年里,有过灰心丧气的时候,但更多的是收获和成就。我觉得每天泡在田间地头,虽然辛苦,虽然累,但那都是暂时的。从"菜鸟""小白"到现在的"省级示范",我觉得我没有荒废青春,以后还会更加努力,唯一想的是对得起自己就好。

农科村三次思想"破冰" 终于叩开休闲农业大门[①]

20世纪70—80年代,四川省成都市郫都区友爱镇农科村是远近闻名的花草苗木基地,很多人慕名前往,采购苗木,当地村民热情地免费招待客人。1986年,农科村一个叫徐纪元的农民盖起了新房,为城里人提供农家餐饮服务,中国第一家农家乐——"徐家大院"就这样诞生了。此后,各地取经效仿,这种新兴的旅游模式逐渐走向全国,为亿万农民开辟出一片农旅融合发展的新天地。

党的十一届三中全会后农村改革率先取得突破,作为中国农家乐的发源地,农科村在我国农村改革的伟大历史中写下了属于自己的篇章。农科村何以立于时代潮头?追溯这段创业史,三次思想"破冰"尤为关键。

一、万元户戴着红花游县城——"穷光荣"的时代真的结束了

1983年秋,公社干部找到徐纪元,告诉他郫县(现郫都区)县委、县政府正在筹备第一届万元户表彰大会,公社经过研究决定推选他作为4个代表之一接受表彰。徐纪元一听直摇头:"不行,我今年花木才收入7 000多元。"那个公社干部劝道:"这个收入不单单是指花木收入,加上你们家的副业收入,另外还有几亩田的粮食收入,加起来足够万元了,你完全有资格获得县上表彰。"

经这么一说,徐纪元只好去了。据他回忆,那次表彰会准备得真是隆重啊,县城街道上拉了许多横幅标语,诸如"勤劳致富光荣""全民齐动员大力发展经济"等。会议在县委礼堂举行,代表们住的是县委招待所。"我太激动了,像我这样一个普通农民,哪里见过这种场面和待遇。"徐纪元说。颁奖时,一位县领导还微笑着对自己说希望继续努力,争取成为十万元、百万元户。

至于会上发的那件奖品,很特殊,徐纪元不禁笑着卖了个关子。是什么呢?是一辆永久加重自行车的购买指标。头一天会务组的工作人员就交代,每个万元户代表,交178元现金,会后就去领一辆自行车。"那个年代

---

① 原文发表在《农民日报》2021年7月16日004版。

自行车还要分配指标的,这种稀罕物怎么会落到农民头上呢,在当时这个奖励的分量可不轻啊!"徐纪元说。

表彰会结束那天,所有代表排着队,把崭新的永久牌加重自行车推起,自行车龙头上挂了一朵很大的红花,在喧天的锣鼓声中,代表们喜游县城四门。

"我在游行队伍中,刚开始不大自在、不好意思,很快变得无比激动,充满自豪。"徐纪元内心久久不能平静,看来,"穷光荣"的时代,真的结束了!

二、乡党委书记上门做工作——农家搞接待挣钱不丢人

徐纪元的花木生意越做越好,前来采购花木的客商越来越多,可破旧的老房子太寒酸,于是徐纪元下决心修房。1986年9月,一座宽敞、明亮的三合院式川西民居如期竣工。用旧房木料制作的各种家具,被漆得红亮亮的;院中的花台上安放着徐纪元自己制作的盆景桩头,十分雅致。

有一天,乡上有干部到农科村检查工作,看到这处漂亮的三合院忍不住驻足观看。徐纪元邀请他们进屋歇歇脚。眼看到了中午,有干部试探性地问徐纪元,你们能不能多煮点饭,主家吃啥我们就吃啥。徐纪元马上说:"可以、可以、完全没问题",让家人麻利地做了几个家常菜。饭后,那个乡干部要给饭钱。徐纪元摆手不收,推辞道:"我们又不是开饭馆的,收啥子钱哦。"

没过多久,镇上不少人都知道了农科村有个农民修了座漂亮的三合院,又陆续有几拨当地有头有脸的人物提出在院子里吃饭。徐纪元还是坚持不收钱。

让徐纪元没想到的是,乡党委书记杨守成也来了,还跟他摆起了龙门阵。杨守成说:"听说有人在这耍起不想走了,还要在这里吃饭,有没有这回事啊?"徐纪元老实回答:"是,到中午了,他们回去远,就在这跟我们一起随便吃点。"杨守成笑道:"那我今天也不走了,在这里吃饭,欢不欢迎啊?"徐纪元连忙说:"当然欢迎,只要杨书记瞧得起,我们还巴不得哩。"说完,徐纪元就吩咐大儿子去买斤肉回来。心想他毕竟是乡领导,就破例炒个回锅肉招待他。

吃完饭,杨守成又叫来徐纪元,十分认真地对他说:"今后不管哪个在这里吃饭,你就做给他们吃,他们要给你钱,你就收着。凭啥不收嘛,你们付出了劳动,做饭菜也要花成本,就是该收。"徐纪元还是坚持说:"别人看得起我,才吃我一顿饭,平时请都请不来的,收钱好笑人哦。"杨守成又说:"你这个人要想明白点,现在都改革开放了,党委、政府鼓励大家勤

劳致富，生意放开了做，凡是正当的钱尽可以放心地挣。"

杨守成走后，徐纪元反复思考，心眼儿渐渐活泛了：也许他说得对，劳动服务挣钱天经地义，反正也不耽误种花，可以尝试一下搞餐饮接待。

三、农家乐的名字叫响了——农旅融合是片新天地

说干就干。徐纪元与家里人商量后，购置了些餐具、桌椅，又把房前屋后打整了一番。就在徐家全家动员、一切准备就绪时，村里议论开了。

"徐家花木生意做得好好的，怎么又要做饭馆生意了？"

"卖吃食可不是简单的事，忙前忙后，好麻烦！"

"别人吃了耍了拍拍屁股走了，一家人还要洗碗筷、搞卫生、收桌凳，这是不是太下贱了点？"

"什么叫下贱？城市里搞餐饮服务的不计其数，难道都下贱了吗？别人开餐馆，还要付房租，还要花钱整治环境，我们有现成的条件可用，何乐而不为？搞接待服务是辛苦，栽花种树难道就不辛苦吗？在烈日下担粪、挑水、除草、打药，种植出来的花卉还要外出四处推销，事实上，哪一道工序都比在家搞餐饮接待艰难得多。"

闲言碎语涌来，却让徐家越发统一了思想——不仅要干，而且还要把接待规模搞大点，把细节想得周全些，让那些来看农家景、品农家味的参观游览者，乘兴而来，满意而归。

就这么搞了几年，也没叫出个正式的名号。直到1994年，时任四川省委副书记冯元蔚也慕名前来，亲眼见到城里人在乡下农家玩得那么开心，铺纸挥毫，写下了三个大字——"农家乐"。大家无不拍手叫好，说这个名字起得太绝了。

农家乐就这样叫开了，来农科村的游客越来越多，参与旅游接待经营的农户也越来越多。电视、报纸各大媒体纷纷聚焦农科村，各地的参观考察团都来了，大家都认为农家乐这一新型旅游形式，既易于为农民所接受，又简便易行，并且还能就地解决剩余劳动力转移问题。

很快，农家乐旅游发展到全国各地，无论是北域江南还是山村水乡，千千万万个农家乐相继诞生，成为中国农村一道独特的风景线。

四、敢为人先　开拓发展之路

1986年农科村诞生了第一家农家乐，近40年过去了，成都市休闲农业已经历多次迭代，从"赏花吃果"的农家旅游到"耕读诗书"的乡愁经济再到公园城市的乡村表达，每一次跃升，都是一次挑战刻板印象和固有模式的开拓进取。不管是以农科村"解剖麻雀"，还是拉长时间轴、纵观成都

市休闲农业发展,都给人不少启示。

一是没有好的政策土壤,就没有首创精神的生根发芽。市场主体敢不敢创新、愿不愿创新,首先需要一个好的政策环境。回顾农科村的发展历程,如果没有那三次思想"破冰",农科村可能翻不起历史的浪花。近年来,成都市以特色镇建设和川西林盘保护修复为抓手促进乡村生态价值转化,推动乡村融合发展。几年时间,一大批"岷江水润、茂林修竹、美田弥望、蜀风雅韵"的林盘聚落重焕生机,一大批精彩纷呈的乡村创业故事不断涌现,成为乡村振兴锦绣画卷中浓墨重彩的一笔。这些成绩的取得离不开一个强有力的政策支撑体系和效能监督体系。

二是尊重人民群众首创精神,"接地气"才能释放发展动能。随着城镇化、工业化的推进,农业休闲功能的出现是历史必然,但为什么是农科村"第一个吃螃蟹",取得了"农家乐发源地"的历史地位?这背后有历史的偶然性,但可贵的是各级政府尊重人民群众首创精神,将这场农民的自发行动逐渐发展为自下而上与自上而下同时着力,及时总结经验,推广模式,让农家乐的种子在全国各地开花结果,农家乐、渔家乐、牧家乐、藏家乐、羌家乐……如雨后春笋般节节生长,让亿万农民找到了增收致富的新路径。

三是没有一劳永逸的成功,创新创业精神永不过时。农科村的乡村旅游发展之路并非一帆风顺。2000 年后,成都市城边上的"五朵金花"横空出世,与农科村的农民自发形成发展不同,"五朵金花"的打造是在吸收农科村经验的基础上,在政府指导下高标准规划实施,布局更合理、业态更精致,迅速超越了农科村。如今,红火一时的"五朵金花"也黯淡了,成都市乡村一个又一个的网红打卡地不断刷新了人们对乡村业态的认识。事实证明,没有一劳永逸的成功。徐家大院也在努力紧跟时代步伐,根据市场变化不断升级旅游产品形态,现在的乡村旅游酒店已经是第四代农家乐了。

第六部分　农村改革

【延伸思考】

当前农村改革存在的突出问题

当前,农村改革步入"深水区",在重要领域和关键环节的纵深突破过程中,新老问题交织、内外部因素扰动,存在进展不平衡、政策协调不充分、配套措施不到位等问题,需要加快改革破题,创新探索试验,完善配套制度,深化总结提炼,从而找到可行的改革路径和方案,形成可复制、可推广的模式和经验。

一、保障粮食安全仍面临现实难题

当前,世界百年未有之大变局加速演进,我国发展进入战略机遇和风险挑战并存、不确定难预料因素增多的时期。在中国式现代化进程中加快推进农业强国建设,就必须提升极端情况下保证生存、发展和安全的能力,以国内稳产保供的确定性来应对外部环境的不确定性,牢牢把住国家粮食安全主动权。不可否认,粮食安全保障机制还存在一些突出问题。一是种粮农民利益保障不足。政策保本的基础不牢、经营增效的办法不多,农民种粮获得的补贴明显低于种粮生产成本和机会成本。粮食生产补贴政策的指向性和精准性有待提升,难以形成稳定的生产预期。政策性农业保险的保障水平不高,覆盖产前、产中、产后的粮食生产社会化服务体系不健全。二是粮食主产区利益补偿不足。"粮财倒挂"矛盾普遍尖锐,产粮大县多是经济弱县和财政穷县,尽管国家有奖补政策,但总量规模有限,粮食贡献越大、地方财政收入越少、经济发展越滞后、农民收入越低,影响地方重农抓粮积极性。国家层面对粮食主产区的支持主要依靠中央转移支付,资金来源和支持方式较为单一,主要受益的粮食主销区并未承担相应的补偿责任,粮食主产区利益补偿机制的顶层设计不完善。三是统筹用好国内国际两个市场两种资源存在挑战。近年来,国内外极端天气灾害多发频发,增加了粮食生产不确定性。全球政治经济形势日趋复杂,利用国际市场风险加大,农业走出去步伐不快,部分农产品进口依存度高且集中,利用国内国际两个市场两种资源、提高在全球配置资源的能力和话语权还有待提升。四是耕地保护和质量提升难度较大。冲击耕地保护红线的各类因素复杂交织,耕地占补平衡的制度性、技术性措施在实践中面临不少阻碍。耕地用途管制制度不健全,地方在执行过程中缺乏依据。全面加强耕地质量建设在责任落实、法治保障、政策支持和监测监管等方面缺少系统谋划、整体推进。五是种业发展面临不少阻碍。育种创新能力较弱,种质资源保护利用不足,种业企业实力相对有限,种业市场监管有待加强,种业国际竞争力不强,特别是在种业高尖端科技创新和种质资源自主知识产权上亟待提升。

二、农业经营体系还不能适应现代农业发展要求

大国小农是我国的基本国情,小农户家庭经营在很长一段时间内仍然是我国农业基本经营形态。一是小农户自身发展能力有待进一步增强。我国小农户基数大,小农户数量占农业经营户总数的98%以上,经营耕地10亩以下的农户约有2.1亿户。土地经营规模偏小,细碎化问题突出,承包农户户均经营规模仅为7.46亩。小农户老龄化、兼业化严重,科技文化素质整体水平不高,高中或中专及以上农业生产经营人员仅占8.3%,应用现代生产要素能力有限。小农户分散、粗放的传统生产方式普遍存在,劳动生产率和资源利用率还不高。二是新型农业经营主体总体处于成长初期。县级以上示范社和示范家庭农场的比重不足5%。单体规模偏小、实力偏弱,利益联结机制不够丰富、关系不够紧密,带动小农户能力还不强。三是面向小农户的社会化服务有待进一步加强。农业社会化服务组织发育不完全,服务领域有待进一步拓展。农村集体经济总体不强,服务小农户的作用发挥不够,很大一部分村缺乏长远规划和明确目标,对于如何发展村级集体经济比较迷茫,招法不多,甚至无计可施。不少村集体跟不上市场经济形势,保障集体利益、分担风险的机制办法仍然不多。

三、破除城乡二元结构还存在不少制度壁垒

改革开放以来,我国经济社会发生了巨大变革,城镇化成为推动经济增长的重要引擎。1978年,我国城镇化率仅为17.92%。截至2023年末,我国城镇化率达到66.16%。党的十八大以来,我国高度重视农业转移人口市民化工作,全面建立城乡统一的户口登记制度、便利畅通农业转移人口落户渠道,全面提升基本公共服务水平,农业转移人口市民化工作取得重要进展。但仍然要看到,我国发展最大的不平衡是城乡发展不平衡,最大的不充分是农村发展不充分,城乡二元结构是制约城乡均衡发展最大的制度障碍。一是农业转移人口进城落户还存在不少隐性门槛。城乡基本公共服务衔接不畅,例如,在医疗保险方面,尽管城镇居民和农村居民的医疗

保险制度已经合并实施，但农业转移人口在异地结算医疗保险的范围仍然有限，全门诊异地就医直接结算还处于试点阶段，尚未得到大面积推广。二是维护农民的合法权利和财产权益还有不少挑战。推进二轮承包到期延包工作面临不少困难，人多地少农户存在较强的调地愿望，无地农户要地诉求强烈。承包地流转管理服务体系仍需进一步强化，个别地方存在强迫农民流转承包地行为，有的地方以村集体名义进行整村流转，开展反租倒包。工商企业等社会资本通过流转取得土地经营权的审查审核制度不完善，个别工商资本囤地炒作。土地流转费用不断上涨，在一些地方流转费用甚至与种粮成本平起平坐。三是城乡生产要素流动依然存在难点和堵点，人、地、钱等要素资源单向从农村转移的趋势没有根本扭转，城乡差距大最直观的是基础设施和公共服务差距大。还有部分较大人口规模自然村（组）未通硬化路，规模化供水工程覆盖农村人口的比例仅为60%，接近20%的村尚未实现快递直投，超过60%的村没有普及燃气。在农村社会保障方面，2022年城乡居民最低生活保障标准比约为1.29∶1，农民普遍参加的城乡居民基本养老保险月人均待遇水平仅为200元左右，保障水平总体不高。

四、全面推进乡村振兴体制机制有待进一步完善

党的二十大报告提出，未来五年"三农"工作要全面推进乡村振兴，到2035年基本实现农业现代化，到21世纪中叶建成农业强国。这一重大战略部署对全面深化农村改革，增强改革系统性、整体性、协同性提出了更高要求。随着改革步入"深水区"，留下的都是难啃的"硬骨头"，问题千头万绪，矛盾错综复杂，改革进展不平衡、协调不充分日益凸显。一是在改革方式上，单项突破或局部推进的改革方式越来越难以适应改革发展要求。农村改革是一个复杂而庞大的系统工程，涉及经济、政治、文化、社会、生态等多个方面。如果仅从某一领域或环节入手，很难全面把握农村改革的整体趋势和内在规律，容易导致改革措施的片面性和局限性。相关立法进程滞后，影响了部门的参与和政策的配套，改革过程中存在"单兵突进"的现象。二是在要素保障上，"用地难""融资难"等共性问题难以真正破题。各类要素领域不同程度地存在要素流动不畅、配置效率不高、制度体系不健全等问题，改革涉及土地、规划、金融、环境等部门，各有难念的经，协调配合的难度大。以"用地难"为例，在用地指标紧缺的情况下，不少地方新增建设用地指标优先满足城镇商住、工业用地以及基础设施等建设用地，乡村发展二三产业的空间不足。三是在体制机制上，虽然乡村振兴框架制度基本形成，但农业农村优先发展的政策体系仍有待完

善。农业农村优先发展的规划约束机制、财政支出优先保障农业农村项目的激励约束机制、金融支持农业农村发展的激励约束机制、鼓励和引导各类人才下乡的激励导向机制、农业农村生态功能的补偿机制等方面缺乏全方位统筹安排,人、地、钱等要素保障机制办法效果不佳。改革发展面临的多重制度约束需要统筹推进破解,进一步增强改革系统性、整体性、协同性。

五、新一轮科技革命和产业变革给农业农村发展方式和治理方式提出不少挑战

以信息技术为代表的新一轮科技革命突飞猛进,技术变革快速发展,催生出很多新模式、新业态,人们的消费方式发生变化,给农业生产方式、发展方式、经营方式和乡村治理方式都带来前所未有的挑战。部分农村、偏远地区的数字化基础设施仍然十分薄弱,与日新月异的智能城市建设相比,乡村地区的数字化、智慧化还处于较为初级的阶段,特别是5G通信网络覆盖率低,无法满足大数据、云计算、物联网、边缘计算等对网络基础环境的需求。由于本地数字化能力的不足,部分地区乡村数字化平台建设滞后,无法发挥其应有作用。城乡之间的"数字鸿沟"加剧"虹吸效应",即基建越弱,经济越落后,人才和资本、数据等生产要素越有可能外流,进而投入数字化基建的资源就越少、能力就越低,这样就加剧了城乡差距不断拉大的恶性循环。

此外,还有一些改革任务需要持续强化,一是农垦改革方面,垦区集团化改革进展不平衡,产业整体竞争力不强。国有农用地使用权法律地位缺失,农垦土地管理缺乏有效手段。农垦办社会职能改革方面,机构、人员移交和债务问题处置不彻底,社区管理和"三供一业"未完全剥离,农场仍然承担较多支出。二是林改虽然取得了一定成效,但距离改革目标还有差距,林地资源碎片化,集体林综合效益不高,森林"四库"作用没有充分发挥。三是农业水价综合改革进展不平衡,个别地区改革进度整体滞后,一些耕地零散分布的地区改革推进难度大;部分地区奖补资金存在缺口、价格调整相对滞后;一些地区改革存在"雨过地皮湿"问题,没有建立起巩固改革成果的长效机制。四是供销社改革任重道远,存在与农民利益关系不够紧密、综合服务实力不强、层级联系松散、行政化色彩比较浓、体制没有完全理顺等问题。

主要参考文献

爱德华·泰勒，2005. 原始文化. 南宁：广西师范大学出版社.

邓云特，1937. 中国救荒史. 北京：商务印书馆.

冯骥才，2013. 传统村落的困境与出路：兼谈传统村落是另一类文化遗产. 民间文化论坛（1）：7-12.

关琛，梅宝，刘海静，等，2020. 宣化传统葡萄园农业文化遗产价值研究与保护. 北京农业职业技术学院学报（1）：19-24.

郭荣茂，2012. 从文化自觉谈农村传统手工艺保护网络的构建. 武汉科技大学学报（社会科学版），14（4）：368-371.

胡戎，2018. 苏轼诗词中的竹文化浅析. 竹子学报，37（1）：85-88.

龙文军，张莹，王佳星，2019. 乡村文化振兴的现实解释与路径选择. 农业经济问题（12）：15-20.

钱玄，1992. 耦耕解. 南京师大学报（社会科学版）（1）：54-56.

全国农村文化联合调研课题组，王家新，黄永林，等，2007. 中国农村文化建设的现状分析与战略思考. 华中师范大学学报（人文社会科学版）（4）：101-111.

温铁军，2018. 乡村振兴成都探索与实践. 成都：成都时代出版社.

向新文, 胡必用, 2012. 对竹文化生态旅游发展的思考. 浙江林业(12): 38-39.

徐旺生, 李兴军, 2020. 中华和谐农耕文化的起源、特征及其表征演进. 中国农史, 39 (5): 3-10.

徐雁, 2003. "耕读传家": 一种经典挂念的民间传统. 江海学刊 (2): 154-161.

张德顺, 王留剑, 刘鸣, 等, 2016. 我国当代竹景研究概述. 中国城市林业, 14 (6): 1-6.

张金平, 2018. 农业种质资源漫议. 农药市场信息 (7): 66-68.

张思, 2003. 近代华北农村的农家生产条件·农耕结合·村落共同体. 中国农史 (3): 84-95.

郑殿升, 刘旭, 黎裕, 2012. 起源于中国的栽培植物. 植物遗传资源学报, 13 (1): 1-10.

朱芷贤, 陈其兵, 2016. 四川省竹文化对竹产业发展的影响探析. 世界竹藤通讯, 16 (6): 42-45.

后记

这本书在挂职期间就有谋划，挂职回来后，一直想趁热打铁写出来，因种种原因，直到今天书稿才成型，算是了却了一块心病。后记里就聊聊挂职工作吧。

先说说我挂职所在地成都高新区。成都高新区筹建于1988年，1991年被国务院批准为全国首批国家级高新区，是全国首批创建"世界一流高科技园区"试点园区之一、西部首个国家自主创新示范区、四川省全面创新改革试验区和中国（四川）自由贸易试验区核心区。经过30多年的发展，成都高新区已经成为全省、全市经济发展质量效益最好、科技创新实力最强的区域。2022年，实现地区生产总值3 015.8亿元、增长3.0%，占成都市14.5%，实现一般公共预算收入265.2亿元，同口径增长15.3%。赛迪顾问发布的2023年中国园区高质量发展百强榜单中，成都高新区在177个国家级高新区和230个国家级经济技术开发区中排名第七。作为国家级高新区，发展高新技术产业自然是主责主业，同时，城镇化、工业化快速推进，农民也相继转为市民，现在的成都高新区展现在世人面前的是现代化都市，农业农村的影子已基本消失不见了。

2017年4月，成都高新区托管了简阳12个乡镇，面积483平方千米，由于在成都的东部，习惯称"高新东区"，在这里不仅要建设天府国际机场，还要建设一座空港新城。但当时这片土地上，大部分形态是农业农村，而且在未来一段时间内，很大部分还是农业农村。为了加强对农业农村的管理服务，管委会成立了筹备组，拟组建农业农村发展部门，随后正式挂牌成立的机构就是我挂职的单位成都高新区统筹城乡工作局。筹备组组长、首任局长是孙波，孙局长经历丰富、风趣健谈，在高校当过10年老师，20世纪90年代末到高新区工作，一直在乡镇和街道，基层工作经验非常丰富，是高新区建设的亲历者和贡献者，他曾开玩笑地说："我以前的工作是把农村拆掉、把农业搞垮，建成现代化的城市，现在让我干统筹城乡局的局长，我还要把农业搞垮，但这次是把落后的农业搞垮，建成现代化的农业和农村。"

高新区的部门都是"大部制"，统筹局也不例外，要负责统筹城乡、农业（种植业、畜牧业、渔业、农业机械化）、农村经济、林业、农田水利、粮食、扶贫、旅游、气象等工作，这在县上，可能是几个部门的事。还有一个特点是人少，这么多业务管理工作，局里总共就几十号人。这就是高新区的特点，节奏快，每个人负责的事情多。因为要直接服务农业农村，统筹局的主要办公地点在三岔湖边上一个办公区，局里的同志们每天都要往返，上下班距离超过100千米，我也一样。挂职前，觉得北京上下班距离远，没曾想到了成都通勤距离比北京还远，还好有班车坐。

刚开始的工作，主要是调研了解情况。总体看，高新东区属于浅丘地形，相对大块平整的土地少，农业发展较为传统，基础薄弱，特色不明显。2018年2月，中央一号文件公布，部署实施乡村振兴战略，四川省和成都市都做了工作安排。成都高新区原来没有搞农业的经验，现在开始接手乡村振兴工作，就要有工作思路和打法。按照领导的要求，局里负责牵头起草高新区关于实施乡村振兴战略的意见，这项工作就交由我来具体承担。文件起草最大的难点是既要接天线，又要接地气。接天线是要符合党中央、省、市关于乡村振兴的总体要求，提出高新区的发展目标和思路；接地气是要符合高新区的实际情况，目标可实现，措施可落实，还不能是一般性的工作安排，得体现一定的引领性。在领导指导和同志们的共同努力下，我们加班加点、几易其稿，终于形成了《中共成都高新区工委 成都高新区管委会关于实施乡村振兴战略创建城乡融合发展新典范的实施意见》。这项工作完成后，让我对当地农业的现状和未来发展有了系统的了解和思考。后来，根据领导要求，我们又筹备了高新区建区30年来首次农村工作会，管委会主任和分管主任做了讲话。在我看来，这次会议在很大程度上解决了大家要不要发展的疑惑，以及怎么发展的难题，统一了思想、凝聚了共识，为乡村振兴做了一个很好的开局起步。

根据局里的分工，我分管规划发展处，阶段性的重点工作就是编制规划和招引项目，这对我来说也是一个学习的过程。在规划编制上，我们跟编制单位反复沟通，提出了"2+3+N"的规划体系，编制完成了空港新城乡村振兴产业发展规划、乡村振兴空间发展规划、大地景观规划，还有8个重点村的乡村振兴村庄规划等。在项目招引上，一方面不少企业看好高新区的营商环境和发展前景，主动过来洽谈合作；另一方面我们也通过农博会等平台和渠道，进行宣传展示和招引。参与和投入时间比较多的是中国彩色花木港项目，项目以发展彩色植物及相关产业孵化为主，这跟机场大地景观塑造很契合。经过多次策划研讨、可行性分析、实地考察，最终推动签署了战略合作协议。此外，我们还研究制定了农业产业项目管理办法和农业产业政策，为今后项目招引和项目管理提供了依据。

2018年下半年开始，成都启动了农村厕所革命工作，高新区也随即开展了此项工作。根据局里的工作安排，我把工作重点放在农村厕所改造上。如果说之前的文件起草、规划编制等大部分还是文字工作，厕所革命这件事是一件落地的事。如何进行厕所改造，一开始真是一脸蒙。"哪些农户应该纳入改厕范围""如何改造""标准和技术是什么""如何实施""每户应该补贴多少钱"等，每个问题都等着去回答。我们跟乡镇反复研讨，剔除近期拆迁的农户，确定改厕的范围。没有改厕的技术，我们就请教相关专家，到其他县（市、区）取经，最终确定改厕模式。到底该补贴多少钱，我们就开展试点，在试点中测算改厕成本，最后采取"先建后补、以奖代补"的形式，让农户自己干，干完验收后，给一定补贴。为此，推动颁布了《成都高新区农村户厕改造提升方案（2018—2020年）》，把改厕的目标任务、基本原则、实施步骤、工作内容、资金筹措、保障措施等方面在文件中进行了说明和规定。接下来就是抓落实，跟乡镇干部一起研究改厕问题，到农户家里实地调研改厕情况，这项工作也一直持续到我第二年的挂职工作。

其间，我还参与了农村产权制度改革、"大棚房"清查整改、非洲猪瘟防控等工作。高新区的农村产权制度改革工作启动较晚，在借鉴其他地区产权制度改革经验的基础上，创新开展了"七权同确"，有效避免了不同权利的重复确认等问题。这项工作作为2018年局里的重大攻坚克难项目，局领导让我代表局里做了考评汇报，非常荣幸地获得满分，我清楚不是我汇报得好，成绩都是来自同事们和产权制度改革团队多少个昼夜的辛苦付出。清理"大棚房"是党中央和省、市的要求，时间紧、任务重，要逐个销号。局里的主要任务是清理后的复垦验收，为按时完成验收后签字盖章，局长带队，所有涉及乡镇的主要领导，在局会议室搞了一晚的现场办公，确保材料第二天一早如期报送。

2020年1月中旬，为期两年的挂职锻炼圆满结束，中共四川省委组织部开了欢送会，同时欢迎新一批博士服务团赴川锻炼。我回到了北京，回到阔别两年的农研中心。春节期间，新冠疫情暴发，我们开启了居家办公模式，在微信群里看到，统筹城乡工作局的同事们因疫情防控还在一线忙碌着，那时候在想，如果挂职没有结束，我应该跟他们在一起。2020 年还发生了一件事，四川成立了成都东部新区，高新区不再托管简阳 12 个乡镇，统筹城乡工作局也完成了历史使命，同事们按照组织安排，去了不同单位。

  我时常在想，挂职锻炼的意义何在？记得在中共四川省委组织部举办的欢迎和培训会上，一位领导曾说过，挂职锻炼更多的是学习，了解地方、了解做事的过程和逻辑。对于从事"三农"政策研究的我来说，这种经历可能更多的是潜移默化的影响，也许是思考问题的角度、广度、深度，等等，我也在慢慢体会中。

  现在回想起来，特别是翻看照片的时候，感觉挂职工作就像发生在昨天。在成都高新区的工作是忙碌而充实的，也是一段愉快的经历。罗蓉部长、曾科部长、陈卫东副主任等历任分管过局工作的管委会领导，都给予我很多的指导。孙波局长一有时间就喊我一起下乡，每次下乡结束时间常常都晚了，他还要开车把我送回宿舍，让我很过意不去。陶斯祥副局长，说话底气十足，工作接地气，待人随和，也是一位老高新。我很喜欢跟他们"摆龙门阵"，听他们以前的工作经历，很长见识，很多是政策研究工作不会碰到的事，而这些实际工作中的问题，很考验一个人的能力。跟局里同事们一起工作的场景还历历在目，这是一个有温度的大家庭，他们给了我太多的支持和帮助。当然也离不开我的派出单位农研中心领导和同事们的关心，魏琦书记、贾广东书记两任书记带队到高新区看望慰问我，每次看到"娘家"人，都倍感亲切和感动。还要感谢家人对我工作的理解，是他们在背后的默默支持，才让我安心工作。两年的挂职锻炼，要感谢、感恩的人和事太多太多。谨以此书，表达由衷的谢意。

2024 年 12 月